U0020482

遠離四種執著

Parting from the Four Attachments

A Commentary on Jetsun Drakpa Gyaltsen's Song of Experience on Mind Training and the View

薩迦派心法基礎
證悟教法的最佳指引

究給·企千仁波切
Chogye Trichen Rinpoche

至尊札巴·堅贊 | 開示文本
Jetsun Drakpa Gyaltsen

ཤུ་བས་རྗེ་བདེ་བར་གཤེགས་པ་བཙོ་བཀུ་དཏྲེ་ཆེན་རོ་རྗེ་པའི་ཆཚགས་ལ་ན་མོ།

文殊菩薩法相

文殊菩薩親授「遠離四種執著」四句偈予薩迦派初祖薩千‧貢噶‧寧波（Sachen Kunga Nyingpo, 1092-1158），後由第三祖札巴‧堅贊就此四句偈寫成證道論頌，「遠離四種執著」法教因此成為薩迦派所有心法的基礎。此四句偈即：「若執著此生，則非修行者；若執著世間，則無出離心；若執己目的，不具菩提心；若執取生起，即非正見地。」

至尊札巴・堅贊尊者 (Jetsun Drakpa Gya1tsen；至尊名譽幢，1147-1216)

札巴・堅贊將「遠離四種執著」法教，依自己的體證寫成一部精要的證道論頌，具體傳達了佛陀的經續教法，是實修與證悟教法不可或缺的指引教示。

目次

法王達賴喇嘛序

　　大慈無比的金剛持究給‧企千（Vajradhara Chogye Trichen）是無上密道果不共傳承藏持者，他開示過許多廣大甚深的佛法，至今這些教法仍在繼續嘉惠十方眾生。在此我非常高興，因爲這位殊勝的怙主在六次開示中，闡釋了偉大尊榮的薩迦祖師札巴‧堅贊爲「遠離四種執著」（Parting from the four Attachments）[1]的法義所造的指導法教與學處，我非常欣喜這位偉大的聖者給我們的這些開示能結集成書。

　　看到這些開示已譯成英文，並由雪獅出版社（Snow Lion Publications）在美國出版，我感到非常歡喜。我衷心祈願本書的發行能爲一切有情帶來廣大的利益；許多因緣具足的眾生，將因而能輕易地在心中生起圓滿的見地與明辨力，來了悟這些教法的眞義；而無上的怙主上師究給‧企千尊者的所有大願都能自然成辦。

追隨本師釋迦牟尼佛的受戒比丘丹增‧嘉措（Tenzin Gyatso），大家所稱呼的達賴喇嘛，書於藏曆第十七勝生周水馬年第三個月的第十天，西元二〇〇二年四月二十二日。

注釋

[1] 薩迦派初祖薩千‧貢噶‧寧波於十一歲時，依止拔日譯師，專志修習六個月後，親見文殊菩薩並領受「遠離四種執著」法教：「若執著此生，則非修行者；若執著世間，則無出離心；若執己目的，不具菩提心；若執取生起，即非正見地。」這是含攝一切圓滿教法的詩偈。後來薩迦諸祖師們為此偈頌修法，寫了多種注解，本書的內容即是究給‧企千仁波切對此偈頌所作的開示。

前言

究吉‧尼瑪仁波切

皈依處怙主金剛持究給‧企千尊者，不僅是薩迦派 ① 偉大輝煌教法的察派法王，他廣如大海般的心，也富藏著八大修持傳承 ② 各種不分宗派的灌頂、閱讀傳承與法要。他是持守三大戒律 ③ 而備受尊崇的金剛持戒者，也是成就者中清淨博學的法王，許多崇高的上師都一致地對他懷著無比的崇敬，並讚歎、宣稱他實是位偉大莊嚴的聖者。

本書的內容是「遠離四種執著」的甚深教法，教示的是偉大的至尊札巴‧堅贊的證道論頌，還有皈依處怙主金剛持究給‧企千尊者的清晰闡釋，他的親切教導充滿了慈悲加持所散發的溫暖。除了對本書的英譯本給予錦上添花的讚歎，我還衷心希望這廣闊世間，每位致力聞、思佛法經典的佛子，都能徜徉在這些學處精要的法露中，並願所有殊勝的加持都能盈滿在生命的長流裡。

上師究給‧企千尊者的弟子祖古究吉‧尼瑪（Tulku Chökyi Nyima）
書於吉祥的藏曆二一二九年三月十日

注釋

① 「薩迦」藏語意為灰土，因該派主寺薩迦寺所在地土色灰白而得名。又因薩迦寺院圍牆塗有象徵文殊、觀音和金剛手菩薩的紅、白、黑三色花條，所以又稱「花教」。薩迦派創始人為昆‧袞就‧傑布（Khon Konchog Gyalpo, 1034-1102），一○七三年在仲曲河谷的薩迦地區興建寺廟，薩迦派從此創立，其法王產生方式為世襲制。此派的獨特見解是「道果」，主要本尊是喜金剛。歷來有薩迦五祖、哦干、茶干、蔣揚欽哲旺波等大成就者出世，後衍生出察、哦等支派。主要道場有薩迦寺、哦寺、那仁札寺與宗薩寺、桑耶寺等。

② 八大修持傳承是指寧瑪派、噶當派（和其後發展成的格魯派）、薩迦派、瑪爾巴噶舉派、香巴噶舉、息解派、覺囊派與布頓派（布魯派）等傳承。

③ 別解脫戒、菩薩戒、密乘戒。

致謝

　　這本書中的教示，是究給‧企千仁波切近幾年爲至尊札巴‧堅贊的「遠離四種執著」體驗論頌所做的六次開示之結集。

　　首次開示是在一九九六年究給仁波切訪問澳洲坎培拉時，第二次是一九九八年在新加坡的「薩迦佛法中心」（Sakya Tenphel Ling），第三次是一九九九年在尼泊爾加德滿都的一次私人會晤。二〇〇〇年應祖古貝瑪‧旺耶（Tulku Pema Wangyel）之請，於法國多荷冬（Dordogne）的拉松尼瑞（La Sonnerie）做了第四次開示。第五和第六次開示，是二〇〇一年分別在澳洲的阿得雷德（Adelaide）和布里斯班（Brisbane），應他的譯者圖登‧秋達（Thubten Choedak）喇嘛的懇請而成辦。

　　這些開示全部都有記錄，澳洲和新加坡的開示是由圖登‧秋達現場口譯，法國和加德滿都的部分則是現場錄音，再由圖登‧秋達口譯並錄音，內容則由約翰‧杜易斯（John Deweese）謄錄後彙整編輯。在究給仁波切的同意下，另外補充近幾年他在尼泊爾加德滿都所作的一些不公開的口耳教授，這些開示都錄了下來，由仁欽‧楚達（Rinchen Chudar）

上師與約翰・杜易斯兩人依據錄音細心翻譯出來。

札巴・堅贊的「遠離四種執著」根本論頌是薩迦・崔津法王（H. H. Sakya Trizin）和傑・歌德伯格（Jay Goldberg）的英譯，收錄於新加坡「薩迦佛法中心」於一九八二年出版的《「遠離四種執著」教示輯錄》① 一書中。這本英譯本是以究給・企千仁波切的釋論為底本，並參考藏文文本和賽勒斯・史騰思（Cyrus Stearns）的譯本，約翰・杜易斯只做了非常細部的編輯與整理。哦千・貢噶・桑波 ② 的傳承祈請文，也是薩迦・崔津法王和傑・歌德伯格的英譯，收錄於同書中。

傳記的部分，起先是根據幾篇現存的究給仁波切的英文簡傳編寫而成，尤其是傑・歌德伯格研讀仁波切的自傳，並補充詳細的訪談資料後完成的那篇作品。傳記大部分是來自近幾年在尼泊爾加德滿都的廣泛私人會晤，皆是來自仁波切本人的第一手資料，只有幾個地方是根據見證人的陳述，他們都是仁波切身邊最親近的人。傳記中的故事和素材全部來自究給仁波切本人，全是記錄完善的資料，目前存放在尼泊爾加德滿都大慈寺（Jamchen Lhakang Monastery）的檔案室中。現在這個版本是另外一篇更長、更完整的仁波切傳記的一部分，這篇較長的完整版本目前正由他的弟子籌寫當中。

我們要感謝傑・歌德伯格（即那旺・桑登・秋培〔Ngawang Samten Chophel〕）為究給仁波切的傳記所做的幕後貢獻。大

衛・傑克森（David Jackson）很好意地送我們傑・歌德伯格所寫的簡傳，並同意使用他近年來收集的一些西藏喇嘛老照片。我們也要感謝可敬的譯者馬修・李卡德（Venerable Matthieu Ricard），他花了許多時間閱讀原稿，並提供寶貴的意見。翻譯人員安卓斯・克瑞奇瑪（Andreas Kretchmar）謹慎地閱讀了傳記和論釋，也提供許多相當不錯的建議。究給仁波切的弟子兼譯者賽勒斯・史騰思十分仔細地詳讀全部原稿，並貢獻了許多珍貴的見解和重要的建言。娜莉拉・杜易斯（Noellina Deweese）小心翼翼地校對整本書，並提出了對編輯很有幫助的建議。

非常感謝雪獅出版社的西德妮・皮本（Sidney Piburn）和傑夫・寇克斯（Jeff Cox），他們從一開始就一直支援此計畫，而且在製作的整個過程中非常耐心地指引我們。也非常感謝雪獅出版社的康思坦斯・米勒（Constance Miller）、達雅・哲森（Daia Gerson）和史蒂夫・羅茲（Steve Rhodes）在編輯過程中給予的協助。最後要感謝珍妮特・尼可斯（Jeannette Nichols）小姐持續不斷的支持。

更多和究給・企千仁波切有關的資訊可在其專屬網站找到，網址是 www.chogyetrichen.com。

注釋

① H. H. Sakya Trizin and Ngawang Samten Chophel(Jay Goldberg), transls. *A Collection of Instructions on Parting From The Four Attachments*. Singapore: Sakya Tenphel Ling, 1982.

② 哦千・貢噶・桑波〔Ngorchen Kunga Zangpo, 1382-1456〕是薩迦派支系哦派的創建者，哦派的主寺是耶旺秋登寺。現在是由四大王族——「祿頂」、「塔澤」、「康薩」、「遍德」王族輪流擔任哦派總住持一職，但皆為比丘後傳姪子，而非世襲，基本任期三年，但有時亦會彈性調整。

至尊札巴・堅贊略傳

　　至尊札巴・堅贊是藏傳佛教薩迦傳承偉大的創建祖師——薩千・貢噶・寧波（即慶喜藏）① 之子，也是著名的學者索南・澤莫 ② 之弟。他選擇過著隱居禪修者的生活來服侍父親暨主要上師薩千，並於後來成就偉大的證悟。

薩迦傳承五祖之一

　　究給・企千仁波切在他所著的《薩迦傳承史》（*The History of the Sakya Tradition*） ③ 中，對札巴・堅贊的生平有如下簡短的描述：

　　索南・澤莫之弟至尊札巴，誕生於第三曜輪的火兔年（西元 1147 年）。他有許多位上師，其中最重要的兩位是他的父親薩千・貢噶・寧波和他的兄長索南・澤莫。由於吉祥文殊師利菩薩持續不斷地攝受加持，他展現了含融三藏和所有密續教法的甚深見解與廣大事業。後來他成為一位不斷禪修的知名學者、聖者和瑜伽士 ④，能消除所有甚深法義上的疑惑，並具足所有外、內、密之證悟徵象。

當時有位著名且精通占星學的卡卻・班禪（Khache Panchen, 1126-1225）宣布即將發生日蝕，札巴・堅贊便宣稱他將防止這次日蝕的發生。為了成就這件事，他中止微細身⑤左、右脈之心、氣的運行，並讓紅、白明點⑥交會融入微細身中脈，後來此一瑜伽修持便阻止了這次日蝕。那位班智達⑦宣稱這只是個為了讓他看起來像騙子的詭計，於是他便去找札巴・堅贊。當他抵達時，札巴・堅贊一躍而起，並將金剛鈴、杵⑧懸浮於半空中。看到這種完全無法理解的景象，卡卻・班禪・釋迦・師利不禁驚呼：「偉大的金剛持⑨！」並了解此刻在他面前的正是所有金剛上師中最珍貴的一位，於是他便懇請札巴・堅贊傳授其教法甘露。

札巴・堅贊五十六歲那年住在尼摩・藏喀寺（Nyemo Tsangkha Monastery）時，薩千・貢噶・寧波曾化現在他眼前為他闡釋「道果」⑩。札巴・堅贊能以化現的真實色身賜予加持，也能以神通讓自己周遊十方淨土，儘管當空行母⑪懇請他留下來時，他仍必須拒絕。在他的弟子中，有八位是以「札巴」作為名字的最後一個字，三位是偉大的譯師，四位最殊勝的弟子則持有金剛幕⑫教法，此外還有其他無數如蒙・金剛・拉加（Mon Vajra Raja）這樣的弟子。

他曾預言當他轉世到「金色世界」成為君臨天下的轉輪

聖王時，他將證得諸地菩薩和道次第的大部分果位，然後只要再經三次轉世就能成就圓滿的佛果。

至尊札巴·堅贊示範了一個眞正的行者所具備的功德，這些功德洋溢在他的許多證悟論頌中，他的「遠離四種執著」論頌便是其中之一。他嚴守戒律，同時實修有成，博學多聞，而且獲得證悟，是圓滿的成就者，後來並成爲藏傳佛教薩迦傳承五祖之一。

殊勝的成就者

薩迦上師智慧·堅贊·安巴喇嘛（Lama Sherab Gyaltsen Amipa）在《來自殊勝海的法露》（*A Waterdrop from the Glorious Sea*）[13]，這本概述薩迦派及其廣泛之佛教傳承背景的書中，對至尊札巴·堅贊的一生有如下摘要的描述：

貢噶·寧波的三子至尊仁波切札巴·堅贊，曾多次以印度和西藏大班智達之色身轉世，印度阿闍黎果沙雅巴·羅卓（Gothayapa Lodro）就是其中之一。在七世身爲文殊師利菩薩的座下弟子之後，他轉世爲多昆（Tocung）的諾東·布瓦喇嘛（Lama Ngogton Bhughuwa），並於八歲那年受持堅森·達給（Jangsem Dagyal）授予的優婆塞戒[14]，他

並非只當單純的優婆塞，因為他也戒除肉、酒、蛋之類的葷腥食物。事實上，他的修行和真正的比丘並無差別，而且他的主要弟子都是比丘。他曾告誡他們別忘記半月一次的懺悔，他會在那時請他們喝茶。他為那些發願解脫而受持戒律的修行者感到喜悅，而他自己則從未犯過別解脫戒、菩薩戒與誓願⑮的任何一條戒。他的父親、哥哥與娘・楚陀・給波（Nyan Tsugtor Gyalpo）傳授他完整的顯經與密續⑯，而他對這些教法的領悟則相當於毘瓦巴⑰。當修法時，他的金剛鈴、杵會懸在半空中，而金剛鈴會發出鈴聲。他可以保護自己不受日、月和蝕神羅睺羅（Rahula）的傷害，而且以各種方式展現他自己的學識、尊貴，以及在悉地⑱上的成就。因此喀什米爾大班智達釋迦・師利（Shakya Shri）和其八位小班智達弟子都宣稱：「即使是在我們雅利安人的印度這片土地上，像他這樣的成就者的確相當殊勝。」。

為了利益未來修學佛法的佛子，他寫下了許多論典，包括《續部現證・寶樹》（*The Celestial Tree of Clear Realization of the Groups of Tantras in General*）、《喜金剛二品續具清淨疏》（*The Pure Commentary on The Two Examinations*）、《寶鬘釋》（*The Necklace Commentary*）、《道果導引文》（*Written Guidance on the Path and Fruit*），幾部有關勝樂金剛續⑲和喜金剛續⑳之論釋，文殊師利菩薩、金剛瑜伽母那洛空行

法 ㉑、二十一度母 ㉒、普巴金剛 ㉓ 等法門之儀軌，還有《大日如來儀軌利他光明》（*Ray of Light Serving Others: A Meditational Practice of Vairochana*），以及其他許多典籍。

他的無數弟子中有四位後來成為著名的大師，其中最偉大的就是薩迦・班智達 ㉔。總而言之，札巴・堅贊在佛法中找到一切喜悅，許多人都知道他圓寂時只擁有一套衣服。他在依止佛法而清淨奉獻一生之後，於七十歲時往生極樂淨土。

至尊札巴・堅贊的教示是實用的指導學處，它們是已透過深刻禪修而證得佛法真實義諦的成就者的親身體悟。他的學術著作琳瑯滿目，由前述便可見一斑，並且被尊崇為已證悟之禪修者的口耳教授傳承的代表上師。他的禪修體驗論頌並非書寫傳承之學術人士的冗長解說，而是大家所說的「口訣」——依據親身體驗的學處與口耳教授精要。這是最為修行者所尊崇的一種教授傳承，因為它能開顯實地修行與究竟證悟教法不可或缺的中心要旨與學處精華。

札巴・堅贊和其父薩千・貢噶・寧波一樣，也在證悟的修行者們相傳下來的偉大傳承中擁有重要的地位，開示這些教法的傑出上師包括印度大成就者與偉大的西藏瑜伽士，聞名的密勒日巴 ㉕ 就是其中之一。

美籍譯者傑・歌德伯格在新加坡的「薩迦佛法中心」出

版的《「遠離四種執著」教示輯錄》一書的序中，從佛法源流的脈絡為這些偉大的上師如此定位：

　　釋迦牟尼佛所說的法結集成為大藏經（三藏）㉖，教法內容是戒（律藏）、定（經藏）、慧（論藏）三學。結集中的八萬四千法門只為一個目的，即滅除將眾生束縛在此娑婆世界中受苦的貪、瞋、癡三毒。這些法是世尊為了協助個人或團體克服在通往究竟安樂之道上所遇到的特殊障礙應機而說，因此這些經典似乎稍微缺乏系統與組織。

　　為了澄清這樣的狀況並有系統地組織這些教法，世尊之後的大成就者間出現了兩種傳承。第一種傳承是聞、思並理解各部經典，然後廣造大論釋（梵文稱之為「論典」〔shastra〕），以便解脫道上的行者能從容地經由道次第一路前進。龍樹㉗、無著㉘、世親㉙、月稱㉚、寂天㉛、覺音㉜ 等人都是屬於此一傳承的大論師。第二種是以偉大上師的證悟為根基的口耳傳承。由於對實相的證悟或定解，已開悟的上師會將進入修行道和證得究竟果位的法門傳給一位或多位弟子。毘瓦巴、那洛巴㉝、阿底峽等偉大聖者，甚至中國的大禪師，都屬於這種傳承。西藏也是如此，四大教派中出現過許多位弘揚這種傳承的偉大上師，其中一位是薩迦初祖薩千·貢噶·寧波。他曾在十二歲時透過文殊師利菩薩的直接證悟，而領受了「遠離四種執著」教

法，使他對成佛之道有了甚深的領悟。這項教法只是一首
四句頌文的偈頌，但它的法義卻融攝了整個成佛之道。

這些談論札巴・堅贊的父親薩千・貢噶・寧波（他領受
文殊菩薩所傳授的「遠離四種執著」最初教法）的說明，
同樣適用於札巴・堅贊本人。他的證悟論頌是簡要的法
語，但它們以最精要的形式具體傳達了佛陀的經續教法。
因此，他代表的是一種源遠流長的佛教傳承，此一傳承的
祖師們曾將佛陀所開示的法門濃縮成實用的學處精要，它
們是實修與徹證教法不可或缺的指引教示。

注釋

① 薩千・貢噶・寧波：薩迦派初祖，據傳是千手千眼觀世音菩薩的化身，從學於大
成就者雄澄秋巴（Zhangton Chobar）四年，領受卓彌大譯師的十八脈道果圓滿
諸教法，及完整的「道果」指示教授。更曾蒙道果法的第一位祖師毘瓦巴示現教
授法教達一個月之久，傳授其全部《珍貴教言》與疏釋，以及七十二種密法的注
釋與灌頂。
② 索南・澤莫（Sonam Tsemo, 1142-82）：薩迦派第二祖，薩千之子，札巴・堅贊
之兄。
③ Chogay Trichen, *The History of the Sakya Tradition*, transls. Ven. Phende
Rinpoche, Jamyang Khandro, and Jennifer Stott. Bristol, U.K.: Ganesha Press,
1983.
④ 瑜伽士：「瑜伽」梵語 yoga，意謂「修行」。指控制和運用一切事物和心念，發
展直觀的能力，達到解脫或成佛的理想。瑜伽士即指修行者。
⑤ 微細身（subtle body）：心住於禪定中，不現身根，但有潛伏的微細身，是帶業
識之身，由氣和脈輪所構成。
⑥ 明點：構成金剛身的要素之一，分為紅明點與白明點，又稱為紅、白菩提。紅明

點來自母方，位於臍輪，是女性的經血產生之處，亦代表女性的菩提智慧；白明點來自父方，位於頂輪，是男性的白色精液產生之處，亦代表男性菩提之方便法門。行者可以透過明點之修持而生起大樂。

⑦ 班智達（pandita）：指精通聲明、因明、工巧明、醫方明與內明等五明的學者。

⑧ 金剛鈴、杵：兩者皆為密宗法器。金剛杵代表堅固鋒利之智，可斷除煩惱、除惡魔，意指佛智、空性、真如、智慧等；金剛鈴則指驚覺諸尊，警悟有情。

⑨ 金剛持：持有金剛者，「新譯派」認為其乃所有密續的來源，意即本初佛；「舊譯派」則用來稱呼持金剛乘法教的證悟上師。

⑩ 道果：薩迦傳承的最重要教義與禪修體系，源自九世紀印度密宗聖者毘瓦巴。「道果」大部分深奧的精神方法是出自《喜金剛本續》，代表佛陀全部顯密教法的實踐系統，其所透露的觀點是輪迴、涅槃無二無別。障礙生起時，心為輪迴的狀態，而解脫障礙時即是涅槃。

⑪ 空行母（dakini）：一般是指展現慈悲、智慧的女性本尊或天女，因其行於虛空，故稱「空行母」或「空行」，她們也同時扮演著護法的角色。

⑫ 金剛幕（Vajrapanjara）：《金剛幕續》是《喜金剛本續》中獨有的釋續，「金剛幕」意指虛空界的保護網。

⑬ Sherab Gyaltsen Amipa, comp., *A Waterdrop from the Glorious Sea*. Rikon, Switzerland: Tibetan Institute.

⑭ 優婆塞戒：在家人所持守的戒律，即五戒 —— 不殺生、不偷盜、不邪淫、不妄語、不飲酒。

⑮ 別解脫戒、菩薩戒與誓願：即三乘戒律，小乘是別解脫戒，大乘是菩薩戒，金剛乘是三昧耶戒（誓願）—— 包括上師身、口、意的戒律及十四根本墮。

⑯ 顯經與密續：經為佛所說的教法，顯經即顯教之意；續為密教傳承或密教經典。經與續皆為「線」之意，合稱「經續」。

⑰ 毘瓦巴（Virupa）：印度那爛陀寺住持，精修密法後得喜金剛之佛母無我母現前灌頂而頓證六地菩薩，曾以神通力令恆河兩度分開、太陽兩天不落，是印度八十四大成就者之一，也是「道果」法的創始者。

⑱ 悉地（siddhis）：梵語「成就」之意。

⑲ 勝樂金剛續（*Chakrasamvara Tantras*）：本尊為勝樂金剛之密續。勝樂金剛又稱「上樂金剛」，無上瑜伽本尊，為「母續」最高成就的本尊。主要形象為四面十二臂，與之雙運的佛母為金剛亥母。

⑳ 喜金剛續（*Hevajra Tantras*）：包括《喜金剛本續》廣本七十萬頌，稍略的五十萬頌和更略的《喜金剛本續》、《喜金剛王經》二書。是無上瑜伽部無二續的最

重要經典。

㉑ 金剛瑜伽母那洛空行法（Naropa's teaching on Vajrayogini）：印度大成就者那洛巴在修勝樂金剛法時，親見勝樂金剛之佛母並受其傳法，所以此一法門稱為「那洛空行法」，其本尊稱為「那洛空行」。

㉒ 二十一度母（the twenty-one Taras）：救度佛母，簡稱「度母」。度母是觀世音菩薩眼淚變化的化身，共有二十一位。阿底峽修法時曾見二十一度母的尊容，於是將之傳到藏地，即現在所見的善面二臂，以身色不同而表現的顯乘二十一度母，均為右手持寶瓶，左手拈蓮花。

㉓ 普巴金剛（Vajrakilaya）：寧瑪派無上瑜伽的主要本尊之一，由蓮花生大士親傳薩迦派先祖昆‧龍王護，並完整保存至今，是薩迦派的重要修法之一。「普」表空性，「巴」表智慧，「普巴」即空性與智慧結合成不二體性。普巴法的修持，在於斷除一切自我的貪執，消除內心的恐懼，如此才能了解法界性。

㉔ 薩迦‧班智達（Sakya Pandita, 1182-1251）：據傳是文殊師利菩薩的化身，是第一位在辯論中大勝印度外道學者的西藏人，被認定為首位原西藏三因明和十明的邏輯探究傳承之創始者。著有《薩迦格言》，對藏族文學發展有重大的影響。後被尊為薩迦第四祖。

㉕ 密勒日巴（Milarepa, 1052-1122）：為噶舉派創始者瑪爾巴的嫡傳弟子，法名「喜笑金剛」。以苦行聞名，善於歌詠，著有《十萬頌》傳誦於世。

㉖ 大藏經（*Tripitaka*）：佛教經典的總集。藏文大藏經可分為《甘珠爾》（經藏與律藏）和《丹珠爾》（論藏）。西元七世紀佛教傳入西藏後，開始陸續翻譯；八世紀時的桑耶寺即為其中一個重要藏經譯場。

㉗ 龍樹（Nagarjuna）：西元二、三世紀的印度大乘佛教中觀學派創始人，主張一切皆空，利用窮舉歸納的方式，證明實體論的謬誤。他的思想和論證方法，後來成為大乘發展的重要基礎。主要的著作有《中論》、《七十空性論》等。

㉘ 無著（Asanga, 310-390）：西元四、五世紀人，為印度大乘佛教唯識學派的三大創始人之一。所作的《攝大乘論》、《大乘阿毘達磨集論》、《顯揚聖教論》，是最先嘗試將唯識思想組織化的論著。

㉙ 世親（Vasubandhu, 320-400）：無著之弟，為印度大乘佛教唯識學派的三大創始人之一，造《俱舍論》、《唯識二十論》、《唯識三十頌》等大、小乘論五百部，人稱「千部論主」。

㉚ 月稱（Candrakirti, 600-650）：印度中觀應成派大師，著《入中論》（*Madhyamakavatara*）一書，並親自注釋。主要宣揚佛護中觀應成派思想，而一度與瑜伽行派月官發生宗義上的諍論。

㉛ 寂天（Shantideva）：西元七、八世紀人，印度中觀應成派論師，其所著的《入菩薩行論》、《學處要集》，在西藏同列入「噶當六典」，四大教派皆廣為宣說。

㉜ 覺音（Buddhagosha）：五世紀中印度摩揭陀國人，西元四三二年渡海至錫蘭，將阿含經、論藏等聖典譯為巴利語，巴利三藏始臻完備。撰《清淨道論》（Visudhimagga），是包括三藏經典與論書的綱要著作。

㉝ 那洛巴（Naropa, ? -1039）：印度八十四位大成就者之一，為帝洛巴的心子，噶舉派創始者瑪爾巴的老師。其著作收錄在西藏大藏經中者有十四種之多，如《時輪》、《金剛瑜伽母成就法》等。

究給・企千仁波切傳

　　尊貴的「究給・企千」仁波切——那旺・欽瑞・圖登・列謝・嘉措（Ngawang Khyenrab Thubten Lekshay Gyatso），是藏傳佛教薩迦傳承察派的領袖。薩迦派有三個主要支派：一是薩千・貢噶・寧波創立的薩迦派（Sakyapa）；二是哦千・貢噶・桑波建立的哦派（Ngorpa）；三是察千・羅索・嘉措（Tsarchen Losal Gyatso, 1502-66）創建的察派傳承。

通往證悟的修行道 ——「道果」

　　薩迦派最深廣、最精要的法門是「道果」（Lamdre）。「道果」的意思是「包含『果』（dre）之『道』（lam）」，其包含的要旨與實修法門，融攝了釋迦牟尼佛所傳的全部經續教法。此一法門最初是源自印度佛教「大成就者」毘瓦巴，其中心教理與法門是以《喜金剛本續》爲基本聖典，這部經典所代表的金剛乘[①] 傳承則是以喜金剛[②] 爲密續本尊[③]。

　　西元十世紀中葉，卓彌大譯師[④] 將「道果」帶到西藏，直到十二世紀時才由薩千・貢噶・寧波編寫成典籍。這項教法已由傳承祖師未曾間斷地一脈相傳至今。後來傳到慕

千‧袞就‧堅贊（Muchen Konchok Gyaltsen, 1388-1469）時，由於特殊因緣，「道果」分成兩大傳承系統：第一種是只對親近弟子私下闡釋的「不共傳承」，著重實修的口耳教授；另一個系統是在一般共修會上解說的「共傳承」。

「道果」的根本思想是「輪涅不二」，即生死輪迴與解脫開悟無二無別，捨離輪迴無法證得涅槃，因爲心是輪迴與涅槃的根本。一旦領悟心是這兩件事的根本，自然就會明白涅槃只是輪迴的一種轉化。對這種無二無別的領悟，正是透過「道果」教法而獲得證悟的關鍵。

「道果」是通往證悟的深廣、圓滿修行道，分爲前行與正行（密續）兩部分。前行包含大乘佛法的教法與要旨，內容是「三現分」或「三現量分」⑤，有時僅僅指「三種見」⑥——不清淨見、實修覺受見、清淨見。正行（密續部分）則包含了秘密教授，尤其是「三密續」⑦或「三續」的教授。歷代的「道果」傳承祖師只有幾位是屬於薩迦傳承。

察派傳承

薩迦的察支派是由察千‧羅索‧嘉措所創立，他曾在後藏創建達‧壯摩千寺（Dar Drangmochen Monastery）。察千是位已獲不凡證悟的上師，持有蓮花生大士⑧、金剛瑜伽母⑨、勝樂金剛、時輪金剛⑩、大威德金剛⑪，以及其他無

數上師與密續本尊之清淨見地。他與這些本尊的會面就如與人面對面相見一般，不共道果和不共的金剛瑜伽母實修傳承「那洛空行」一樣，也是由察千精心闡述傳承至今。

察派傳承以持有極珍貴的薩迦派不共無上密修行法脈而聞名，因此傳統上都將察派上師視爲薩迦傳承的修行法脈持有者。這些珍貴的察派實修傳承包括不共道果（Lamdre Lobshe）、不共金剛瑜伽母那洛空行法、大小瑪哈嘎拉（瑪哈嘎拉即大黑天）⑫、十三金法⑬、覺囊巴⑭的時輪金剛法，以及許多其他教法。

察派傳承的主寺──那仁札寺

現任法脈持有者究給・企千仁波切，是遍波・那仁札寺（Phenpo Nalendra Monastery）的第二十六任住持，也是薩迦的察支派領袖，目前駐錫於尼泊爾的加德滿都。遍波・那仁札寺是察派傳承的主寺之一，坐落於藏中拉薩東北邊的遍玉谷（Phenyul Valley），是於一四三五年由薩迦傳承史上偉大上師之一的榮頓・雪傑・貢利（Rongton Sheja Kunrig, 1367-1449）所創建。

那仁札寺是最重要的薩迦寺院之一，分寺遍布全西藏。其名稱源自古印度比哈邦盛極一時的佛法修學中心──那爛陀寺，在初成立的二十年間，那仁札寺的僧眾曾成長到三

千人。此後五百多年間，常住僧眾也始終維持在七百至一千人左右，它同時也是成千上萬在該處的各所學院進修的訪問僧的住處，從後藏到安多的西藏各地區都有許多分寺。

那仁札寺在薩迦派的密法傳承中赫赫有名，因為察派有許多不平凡的上師是該寺的座主，因此後來它成為這支法脈的主寺。它也是西藏八大修持傳承教法的大寶庫，是範圍更廣的不分教派 ⑮ 的佛法修學中心。前任的「究給・企千」就曾特別領受《大寶伏藏》⑯ 等許多大圓滿 ⑰ 傳承中的教法，他是那仁札寺前任法座的持有者，也是第十五世噶瑪巴卡耶・多傑（Khakyab Dorje）的親近弟子，這是最近的例子。

薩迦所有支派的偉大行者，都曾前往那仁札寺修行或閉關。在一九五九年之前，這些修行者曾以哦支派的至聖仁波切旋遍・寧波（Dampa Rinpoche, Zhenpen Nyingpo, 1876-1952）、那仁札寺的任窩仁波切（Zimog Rinpoche），以及究給・企千仁波切等上師的弟子之身分，前往那仁札寺閉關修行。在它周圍的群山中有許多閉關中心，包括兩處供瑜伽士終生閉關的特殊閉關中心。

每當這些瑜伽士當中有人往生時，必然會出現彩虹、奇蹟、異象等不可思議的瑞象，一位隨同究給仁波切從西藏逃出的比丘說，這是很稀鬆平常的事，他會說：「喔！當然

會有這些瑞象，因爲他一生都在閉關！」

在全西藏境內，那仁札寺是母尊金剛瑜伽母法門最著名的修行中心之一。據說歷代以來，已有不少瑜伽士藉由「金剛瑜伽母那洛空行法」而獲證「神遊淨土」的成就。他們能透過金剛瑜伽母而前往「那洛空行剎土」——報身佛國色究竟天淨土[18]。

有些瑜伽士圓寂時會將遺體溶入虹光[19]中，有些會帶著身體離開這世界，和金剛瑜伽母一起飛入天空而消失，前往她的淨土。有些瑜伽士則會在行走於人群中時遇見她，然後便和她一起前往那洛空行淨土。她的珊瑚天梯也會出現在某些瑜伽士的關房中，於是他們便會攀登天梯前往金剛瑜伽母的淨土。

歷任「究給‧企千」仁波切都曾顯露那洛空行的徵象，前一任「究給‧企千」仁波切就曾顯現遷識法[20]徵象，於離開人世時往生金剛瑜伽母的淨土。

榮頓創建那仁札寺

那仁札寺的創建者榮頓‧雪傑‧貢利，又稱爲「貢欽‧榮頓巴」（Kunkhyen Rongtonpa），他出生於東藏的嘉摩‧榮（Gyalmo Rong）。榮頓因爲預言的預示及其偉大事蹟而被視爲賢劫未來佛彌勒菩薩的化身，他的前世曾是印度的阿闍

黎師子賢 [21] 和班智達蓮花戒 [22]。為了表彰他對經教傳承的精通無人能及，以及在般若經典和彌勒菩薩教法方面的無比特長，後來人們尊崇他為「薩迦傳承六珍寶」之一。現任的「究給・企千」仁波切曾從大菩薩庫努喇嘛丹增・堅贊（Khunu Lama Tenzin Gyaltsen）和其他上師領受榮頓的般若波羅蜜多 [23] 教法。

榮頓的著作琳瑯滿目，從讚頌文到義理論典、密續注疏等無所不包，總共約三百部。一般咸認他至少已證得六地菩薩果位，且據說已證悟諸法實相。榮頓的傳記中說他能示現多種化身，讓已死亡的眾生復活，還能在空中飛翔。隨著進入更高層次的證悟，他也變得愈發像個孩子。因為他已超脫概念上的思惟，言行舉止就如小孩子般純真。他是位大菩薩，也是位偉大的密續上師。

格魯派的創立者宗喀巴 [24] 是和他同時代的大師，而榮頓則是第一位敢於挑戰格魯派義理的上師，他的弟子果蘭巴（Gorampa）和釋迦・秋登（Shakya Chogden），也針對宗喀巴的中觀詮釋提出許多犀利的駁斥。但宗喀巴仍給與榮頓最高的尊崇，他曾對弟子克竹傑（Khedrup-je）說，榮頓與彌勒菩薩無二無別。

榮頓在八十四歲時，宣布他即將往生彌勒菩薩的兜率淨土，幾天後便圓寂而溶入彌勒菩薩。他圓寂時，色身溶入

虹光身，爲千變萬化的虹身作了一種示現。他的色身因收縮而變得非常小而輕，但在完全消失前突然停止繼續收縮，轉而變成一顆舍利子，且似乎又再度變重了一些。

就傳承上而言，他之所以會成就虹身，很可能是因爲修持金剛瑜伽母法門的緣故，雖然他示現的是彌勒菩薩相，但他其實能以各種方式示現虹身。

中國皇帝冊封「究給・企千」稱號

那仁札寺創建初期，曾發生一些災禍並爆發疫病。爲了對治這些不幸事件，第二十一任薩迦座主達千・羅卓・堅贊（Dagchen Lodro Gyaltsen, 1444-95）規定那仁札寺的住持和座主，不但是要已精通密續的偉大上師，且必須是大乘的登地菩薩。因此遠古的戒氏家族（Che family）夏魯・庫賢支脈（Zhalu Kushang branch）的欽瑞・秋傑（Khyenrab Choje, 1436-97）被立爲那仁札寺的座主與第八任住持。

欽瑞・秋傑之後至今已有十七位擁有「究給・企千」稱號的上師繼任，他們全都是戒氏家族的父系「主脈」（Bone Lineage）後裔。從欽瑞・秋傑開始，直到中國人入侵西藏時爲止，那仁札寺便未再遭逢過任何障礙。

那仁札寺的「究給・企千」法座稱號是由「究給」和「企千」兩個名稱組成：「究給」意指「十八」；「企千」意

指「座主」。據說，「究給」這名稱，是起源於夏魯・庫賢家族的首位那仁札寺座主——欽瑞・秋傑。

當年欽瑞・秋傑曾受中國皇帝之請前往中國，但後來因故無法成行，於是他指派其侄兒蔣揚・東佑・堅贊（Jamyang Donyo Gyaltsen）代表受邀。為了讚歎欽瑞・秋傑的十八項殊勝功德，中國皇帝冊封那仁札寺的座主「究給・企千」稱號，並由其侄兒代為受封。稱號中的「十八」，也暗指欽瑞・秋傑的陰曆生日。

歷任的「究給・企千」都曾受過中國皇帝供養，其中比較殊勝的是一頂法帽，照片中的究給仁波切經常帶著的那頂法帽就是其複製品。這頂法帽富含金剛乘佛法象徵，尤其富含喜金剛本尊的象徵，中國皇帝將這頂法帽賜名為「南瞻唯一莊嚴」。後來歷任的「究給・企千」座主也一直不斷地接受來自中國皇帝的許多尊榮封號。

首任「究給・企千」仁波切——欽瑞・秋傑

欽瑞・秋傑曾在拉薩布達拉宮閉關期間，因精進修行而親見密續母尊金剛瑜伽母於札克・葉巴（Drak Yerpa）的崖壁顯現，並從她直接領受大量傳法與灌頂。當時金剛瑜伽母以紅、白兩種相在札克・葉巴的岩石表面化現，一起授與欽瑞・秋傑時輪金剛灌頂。當被問及有什麼證據能證明

這件事時，他的侍者展示了欽瑞・秋傑從灌頂現場帶回來的吉祥草，它並不像這世上的吉祥草，因為草的乾葉片上到處閃爍著虹光。此一直接源自金剛瑜伽母的傳承是世上最簡短、最近、最直接的時輪金剛傳承。

除了以文殊菩薩的化身而為人所熟知外，欽瑞・秋傑也曾多次轉世為香巴拉立典王朝㉕的國王以及印度的佛教上師。這些跡象顯示了他和時輪金剛傳承的殊勝關係。

從欽瑞・秋傑開始，歷任的「究給・企千」便都是來自戒氏家族的夏魯・庫賢支系，因此「究給・企千」法座就是夏魯・庫賢家族的父系傳承，由庫賢的「主脈」後裔所持有。這種經由「主脈」而延續的菩薩化身法脈可見於藏傳佛教的某些傳承，「主脈」化身也因許多原因而受到極高的尊崇，尤其是祖先源自天人的家族。

就這點而言，戒氏家族和薩迦・崔津法王的昆氏家族有類似的家族史，因為兩家族的起源都是從天上下凡到人間的光音天㉖人。現任的「究給・企千」仁波切——那旺・欽瑞・圖登・列謝・嘉措，是從夏魯・庫賢家族法脈的欽瑞・秋傑開始算起的第十八任那仁札寺座主。

著名的女性上師瑪吉・拉宗（Machig Lapdron）在她所著的《「斷」大言教法》（*Great Commentary on Chod*）中，曾預言榮頓的法脈將會出現三位彌勒菩薩的化身，而且每位

的名字中都會有「欽」（khyen，博學、領悟之意）這個字。他們分別是欽瑞‧秋傑、欽瑞‧將巴（Khyenrab Jampa, 1633-1703）和仁欽‧欽哲‧旺波（Rinchen Khyentse Wangpo, 1869-1927），三位都持有「究給‧企千」尊號，都是那仁札寺的座主。

瑪吉‧拉宗所預言的第三位彌勒菩薩化身仁欽‧欽哲‧旺波，是前一任的「究給‧企千」，現任的座主欽瑞‧圖登‧列謝‧嘉措則是他的侄子。

現任的「究給‧企千」仁波切在他位於尼泊爾博達拿（Bouddhanath）的寺院，恭建了一尊十二公尺高的彌勒菩薩像，以守護他這一系從彌勒菩薩的「欽」化身相承下來的法脈的加持傳承。

圓滿成就的究給‧企千仁波切

夏魯‧庫賢家族

現任「究給‧企千」是藏傳佛教薩迦派中最年長的喇嘛，他出生於神聖的戒氏家族，據說此法脈是從光音天相傳至今，他是戒氏家族夏魯‧庫賢支系的後裔，也是此法脈中極受尊崇的長者。戒氏家族的成員步上佛道的時間甚至比七世紀初期的藏王松贊干布還早，而且他們曾是蓮花

生大士的弟子。

值得注意的是，庫賢家族的每一代至少都有四位男嗣，其中大部分都是許多重要寺院的座主，包括那仁札寺、夏魯寺（Zhalu）、哦寺。庫賢意指「皇舅」，因這家族有許多女嗣都曾與許多出身薩迦派昆氏皇族的座主成婚，這種聯姻關係開始於薩迦王朝或元朝時期（西元十三至十四世紀期間）。在此期間，庫賢家族的女嗣中，有位嫁給卻嘉·帕巴（Chogyal Phagpa，即八思巴）的兄弟卓功·恰那（Drogon Chagna），他後來繼承卻嘉·帕巴的西藏王位。

至今已有許多忿怒尊[27]降生在戒氏家族，其中有些是密續本尊喜金剛的化現。包括現任的「究給·企千」在內的戒氏家族上師，其身上的大腿上都會有個類似老虎斑紋的特殊胎記，看來就如喜金剛或時輪金剛等忿怒尊的虎皮裙。早期的大圓滿上師卻尊·森給·旺楚（Chetsun Senge Wangchuk），是究給·企千仁波切的父系（主脈）傳承祖師，後來證得無死虹身。

藏傳佛教實修傳承的持有者戒氏家族，自十一、二世紀時代的卻尊·森給·旺楚開始，至今已出現過無數的大成就者。

父親與母親皆是修行者

現任的「究給·企千」仁波切——欽瑞·圖登·列謝·嘉

措，西元一九一九年出生於後藏日喀則的嘉夏・庫賢寺（Gyashar Kushang Monastery）附近。他的父親是索南・森給・旺楚（Sonam Senge Wangchuk, 1873-1928），母親是契美・卓卡（Chime Drolkar, 1895-ca.1963），即南卓・耶喜・桑摩（Namdrol Yeshe Sangmo），她是那・貝林（Nar Peling）氏族的殊固巴（Shukhupa）家族的女嗣，屬於薩迦傳承哦派的塔澤・拉蘭（Thartse Labrang）僧侶皇族。

四歲至七歲期間，仁波切曾和父母一同展開朝聖之旅，最遠曾到達西藏最西邊的岡仁波齊山（Mount Kailash）。他的雙親都是已成就的大圓滿法修行者，他們的主要根本上師是知名的寧瑪上師敦珠・林巴（Dudjom Lingpa）的親近弟子德・給仁波切（De Gya Rinpoche）。究給仁波切和父母展開朝聖之旅時，德・給仁波切正安住於西藏西部，他傳給他們許多法並賜與許多加持，並做了一些與他們有關的預言。

德・給仁波切交給他們一封寫有加持偈頌的信，上面寫著：「願索南・森給・旺楚證悟大圓滿知見，願南卓・耶喜・桑摩圓滿四種見地。願才仁・南給・多傑（Tsering Namgyal Dorje，即究給仁波切）證量通達於天。」

究給仁波切解釋說，這是一封加持暨預言信，預言他父親將藉由大圓滿「立斷」[28] 法門獲致證悟，他母親也將因

大圓滿的修持，圓滿「頓超」[29] 的四種見地而獲致證悟，
而仁波切本人則將領導寬廣長遠的佛行事業。

究給仁波切的雙親對德・給仁波切此一宣布感到訝異，
因為他們的幼子尚未被認證為「祖古」[30] 或被選為喇嘛。
結果回到藏中後不久，他們的兒子就被選任為「究給・企
千」，他們對德・給仁波切的信心因此大增，究給仁波切也
是如此，看來德・給仁波切的每項加持似乎都已成真。

究給仁波切的父親是位日夜修行的大瑜伽士，他在圓寂
前曾以端坐禪修姿勢進入瑜伽士肉身死亡前的入定狀態達
兩星期。在此期間，有時他看來似乎已圓寂，但後來又會
再度說話。當他終於圓寂後，肉身被移往住所樓頂，火化
時天空出現許多道彩虹，究給仁波切的兄弟、叔父和其他
許多人都目睹了這些徵象。

仁波切說他父親一定是位大修行者，而母親則更偉大。
仁波切的父親主修大圓滿的「立斷」，這是本初清淨的智慧
法門，母親則持續不懈地修持大圓滿的「頓超」，這是可自
然顯現淨土、空性的觀修法門，據說其成就比「立斷」更
為殊勝。

究給仁波切談到母親時，言語間充滿最深的恭敬、讚
歎、慈愛與情感。他覺得母親必定是位菩薩，她絕不談論
任何人的是非，而且每當有人遭到批評時，她都會趕緊為

其辯護，堅稱他們絕不會做出那些受指責的言行。她是偉大的瑜伽女，一位日夜不斷修行的行者。

據仁波切的妹妹昆桑・丹卓（Kunzang Tendrol）描述，他們的母親會整晚端坐修行，打盹也從未曾一次超過五或十分鐘，而且始終維持筆直坐姿。全家人為此感到受益良多，因為沒有人會擔憂晚上要起來整頓柴火供準備早茶之用！離開人世那天，她躺著將頭安放在究給仁波切的膝上，對他說能如此地在兒子的膝上安歇，覺得好平和、好快樂，然後便闔上雙眼，安然圓寂。

那仁札寺座主的轉世兼主脈化身

究給仁波切七、八歲時曾住在香波閉關中心（Shangpo Hermitage），他父親和哥哥在此地教導他閱讀與書寫，在此期間，他也背下了密教重要經典《文殊真實名經》（*Manjushri-namasamgiti*）。他年輕時便發願一生要獻身於佛法的聽聞、思惟與修行。

一九二八年究給・企千仁波切九歲時，收到一封第十三世達賴喇嘛圖登・嘉措（Thubten Gyatso, 1876-1933）的來信，信中認證他是藏中遍波・那仁札寺的第十八任「究給・企千」。後來第十三世達賴喇嘛又在另一封信和傳授究給仁波切沙彌戒時的談話中，提到他是「究給轉世喇嘛」（Chogye Incarnate Lama）。

前任「究給・企千」（仁欽・欽哲・旺波）的弟子，知道這意味著仁波切不但是前任「究給・企千」的轉世，也是其「主脈」持有者。這種情形很不尋常，因為仁欽・欽哲・旺波圓寂時，現任的「究給・企千」已經八歲，不過這情況偶爾可在偉大上師的傳記中見到。第十二世達賴喇嘛也曾在一封信中，類似地提及前任「究給・企千」是欽瑞・秋傑與其他偉大的那仁札寺座主的轉世兼主脈化身。

受戒與修學

一九二九年究給仁波切十歲時受沙彌戒，並在那仁札寺正式坐床，他的親教師是強巴・貢噶・秋貝（Champa Kunga Chophel）。在那仁札寺的前幾年，仁波切圓滿了金剛手 ㉛、馬頭明王 ㉜、文殊師利菩薩等各種閉關。在青少年時代中期，究給仁波切曾邀請那旺・羅卓・仁欽喇嘛（Lama Ngawang Lodro Rinchen，即那羅仁波切〔Lama Ngaglo Rinpoche〕，約 1892-1959），留在他隔壁那間關房，此後八至十年間就一直待在那裡。

那羅仁波切是前任「究給・企千」（仁欽・欽哲・旺波）與任窩仁波切的弟子，也是位不分教派（利美）上師，曾和許多其他教派上師一同廣泛研習，並將這些傳承傳給究給・企千仁波切。

圓滿四部密續

在此期間，成就極高的學者兼瑜伽士那羅仁波切將所有殊勝的佛法傳承傳給究給仁波切，也將金剛乘的所有修行法門傳給他，並教導他如何修學。究給仁波切十五歲到十八歲期間，那羅仁波切曾指導他修學氣、脈 [33]、幻輪 [34] 等密續瑜伽。

究給仁波切自坐床至三十九歲止，一直駐錫於那仁札寺，主持各種法會、壇城儀軌、儀樂演奏和各種主要的藏傳佛教修持傳承。至今他始終持守比丘具足戒，也以清淨持守律藏的別解脫戒聞名，此外，仁波切還完全持守菩薩戒和密乘誓戒，因此他是圓滿持守三種戒律的殊勝上師之一。這三種律儀戒分屬三種佛乘：別解脫戒是聲（聞）緣（覺）乘 [35]，菩薩戒是大乘 [36]，而密乘誓戒則是金剛乘。

究給仁波切已圓滿四部密續 [37] 所有主要本尊的禪修閉關。早在青少年時代後期，他便完成密集金剛 [38]、大黑天 [39]、獅面空行母 [40]、白文殊 [41]、白度母 [42] 等密續本尊的閉關。仁波切對佛法的各種主要學門都有廣泛研究。他是通曉文學、詩、歷史、佛教宇宙觀的學者，更是於傳統藏詩有相當造詣的大師。他曾在數位傑出的專家座下研習各種文學派別。因為非常喜歡詩，他還曾為丹丁（Dandin）梵文古典詩學手冊的藏文譯本寫了一本詳細的評注。

兩位根本上師傳授各部法教

究給仁波切的主要根本上師是第五世任窩祖古那旺‧丹增‧群列（Fifth Zimog Tulku, Ngawang Tenzin Thrinley, 1884-1963）和哦‧耶旺寺（Ngor Evam Monastery）的住持至聖仁波切旋遍‧寧波，後者也是薩迦‧崔津法王的主要根本上師。

至聖仁波切來自古老的努氏家族（Nub family），是蓮花生大士的有名弟子南開‧寧波（Namkhai Nyingpo）的後裔。歷任「任窩」仁波切則和「究給‧企千」一樣，同為那仁札寺座主。究給仁波切從他的兩位主要根本上師領受了無數的灌頂、傳法、口耳教授和各部密續的儀軌傳承。

一九三七年，究給仁波切十八歲時，曾和母親一起展開為期兩年的朝聖之旅，在此期間，他曾於後藏塔那克‧圖敦（Tanak Thubten）的寺院，領受至聖仁波切所傳授的《密續總集》（Gyude Kuntu），其中包含「道果」的灌頂和法教。

除了主要上師之外，他還曾在那仁札寺的八位成就者座下聽聞修學。幾個世紀以來，時刻在那仁札寺進行嚴格金剛乘禪修閉關的比丘從未少於二十位。那仁札寺專修四大密續本尊法門的有四所大的密續寺院，只有已圓滿某尊本尊的所有閉關誓願的比丘才會被允許參加在那尊本尊的專屬寺院舉行的法會。

這表示透過眾多此類修學，多個世紀以來，那仁札寺的行者在三昧耶誓戒和修行上的成就，始終能維持超凡水準。

至聖仁波切旋遍·寧波是位殊勝的傑出上師，也是當時的重要上師之一。究給仁波切曾說過，他認為至聖仁波切和前一代的蔣揚·欽哲·旺波 [43]、蔣貢·康楚（Jamgon Kongtrul）、蔣揚·羅迭·旺波（Jamyang Loter Wangpo）等幾位最偉大的喇嘛，具有相同功德，在他領受過灌頂的許多上師中，至聖仁波切的加持力顯得格外殊勝。

每當至聖仁波切即將授予金剛乘灌頂時，異象就會在本初智慧的加持降臨時出現。有些弟子會震顫、哭喊或表現各種感動。然後，至聖仁波切就會給與切要的開示，提醒他們認清自心的本性。

每當究給仁波切在領受至聖仁波切傳授的《密續總集》時，這類加持異象就會伴隨出現。例如，有位比丘是至聖仁波切的學生，他有隻眼睛不太好，禪修時他會端坐保持正確姿勢。在灌頂過程中或賜予加持時，他常會漂浮起來，並始終保持禪坐姿勢。而坐在周圍的同伴會等待這種情形發生，有時他們會將坐墊從他底下抽走再推回去，讓現場的每個人感到又害怕又有趣！

究給仁波切曾轉述至聖仁波切所說的一個故事，那是某次他閉關時所發生的事。有次在進行本尊大威德金剛閉關

時，他觀想自己化現爲巨大的大威德金剛，頭部直達統領這宇宙的忉利天。他在那裡俯視下方的輪迴世間，向西邊望去時，看到種種地獄道。於是至聖仁波切便現出大威德金剛相，向這些地獄道大腳一踢，結果他所看到的地獄道眾生瞬間消失無蹤！這故事可被解讀爲一個例子，讓我們知道菩薩能透過禪修本尊的威神來解脫六道有情的痛苦。

究給仁波切的另一位根本上師是一九六三年圓寂的任窩祖古文殊‧丹增‧群列。任窩仁波切是位很輕鬆愉快的人。他常常會不拘小節地和侍者開玩笑，讓他們也覺得非常輕鬆自在而回報以玩笑，他看起來總是非常快樂。據說這種快樂幽默的生活態度能使人長壽，究給仁波切認爲這是任窩仁波切活到八十歲的原因，他也說至聖仁波切卻不隨便開玩笑，看起來非常威嚴。任窩仁波切曾利用許多時光禪修閉關。

任窩仁波切的薩迦傳承主要根本上師是前任「究給‧企千」——仁欽‧欽哲‧旺波。除了身爲珍貴的薩迦教法傳承持有者之外，他也是位不分教派的偉大喇嘛，曾積極尋找藏傳佛教其他教派的上師，並勇猛精進地領受他們的所有教法。

他的寧瑪傳承主要上師，是藏中地區金剛岩寺（the monastery of Dorje Drak）的兩位座主之一——楚桑仁波切

（Chusang Rinpoche）。他曾領受並研習前一世達桑仁波切
（Dabsang Rinpoche）所傳包括「覺囊百法」在內的所有噶舉
傳承教法，也曾領受多位格魯派上師的許多教法。

閉關修行

一九三九年，究給仁波切結束朝聖之旅返回那仁札寺，
隨即開始為期九個月的喜金剛本尊閉關，當時他二十歲。
兩年之後（1941 年），仁波切傳授了從上師任窩仁波切所領
受的喜金剛教法「道果不共傳承」。他將這些教法傳給聚集
在那仁札寺共修的一百五十位比丘和其他信眾，當時他年
僅二十二歲，翌年又將「道果共傳承」傳給一百位比丘和
其他弟子。

隨後，他開始進行母尊金剛瑜伽母那洛空行的閉關修
行。此後幾年，曾在上師——那仁札寺堪布（住持）那羅仁
波切座下密集研讀阿毘達磨（Abhidharma，論）之類的佛教
經典。之後又發願進行更長期的禪修，於是他又進行大日
如來 ⑭、白度母，以及特殊的察派大威德金剛傳承等禪修
本尊的閉關。

在此期間，究給仁波切曾從任窩仁波切領受更詳盡的不
共道果教法，隨後開始進行普巴金剛本尊閉關。不久之
後，他又圓滿了另一次閉關，這一次閉關的密續本尊則是
偉大殊勝的時輪金剛，關閉結束後，他賜與那仁札寺的六

千名弟子時輪金剛灌頂。後來他又陸續圓滿文殊師利菩薩、觀世音菩薩、金剛手菩薩、四面大黑天⑤護法等本尊的閉關。

　　究給仁波切曾在宗薩‧欽哲‧蔣楊‧秋吉‧羅卓（Dzongsar Khyentse Jamyang Chokyi Lodro, 1893-1959）等一些當代的偉大上師座前領受殊勝珍貴的教法與耳語教授。他曾在兩、三次前往拉薩與藏中參訪期間，領受欽哲‧秋吉‧羅卓的傳法。

　　在這幾次參訪期間，他曾領受欽哲‧秋吉‧羅卓所傳的《四部心髓》（Nyingthig Yabshi）及許多《大圓滿心髓》（Dzogchen Nyingthig）的其他教法，其中包括不分教派（利美）運動的偉大導師蔣揚‧欽哲‧旺波的「意藏」（gong ter）；也曾在欽哲‧秋吉‧羅卓座前領受「道果」等薩迦傳承法門的耳語教授。其中一次參訪是在一九五六年，當時究給仁波切三十七歲。那年秋天，仁波切曾再次傳授不共道果，之後又進行了一次勝樂金剛閉關。

避難慕斯坦

　　一九五九年時因為中國共產黨入侵，究給仁波切與上師任窩仁波切、母親、那仁札寺的年長喇嘛澤楚仁波切（Tsetrul Rinpoche）等一行三十二人，逃往位於尼泊爾西北

部慕斯坦（Mustang）的羅・蒙桑（Lo Monthang）安全避難所。他們走得很慢，前後總共花了三個月才抵達慕斯坦。

究給仁波切的家族和慕斯坦有密切關聯，此地區位於西藏和尼泊爾交界處，政治上屬於尼泊爾的一部分。他的姊姊嫁給慕斯坦前任國王堅貝・丹增・達度（Jamphel Tenzin Dadul），仁波切一行人逃離西藏時他曾提供資助並給予庇護。現任的慕斯坦國王吉美・帕巴（Jigme Palbar）是究給仁波切的外甥，皇后則是他的甥女。

復興慕斯坦地區的佛法

離開西藏之後，究給仁波切曾在慕斯坦停留一段時間傳法並主持各種法會。慕斯坦的寺院大多屬於薩迦傳承的哦派，最主要的道場是由哦千・貢噶・桑波於西元十五世紀時所建立，仁波切常說，慕斯坦國王的皇宮建築結構是哦千・貢噶・桑波創立的。十五世紀時，哦千曾在慕斯坦待過一段時間，他在該地非常有影響力，因此大多數寺院都屬於薩迦哦派。

四十多年來，究給・企千仁波切一直孜孜不倦致力復興慕斯坦地區的佛法，不但建立了穩固的出家戒律傳承，也為此地大乘和金剛乘佛法的聞、思、修法脈奠下穩固的根基。

在達蘭薩拉的工作

後來究給仁波切接受法王達賴喇嘛的迎請，自一九六二年起開始擔任印度達蘭薩拉（Dharamsala）「西藏流亡政府宗教暨文化事務委員會」（the Council for Religious and Cultural Affairs of the Tibetan government in-exile）秘書長，前後長達七年。由於此一因緣，他曾參加一九六五年在斯里蘭卡舉行的「世界僧伽大會」（World Sangha Conference）。

他曾任法王達賴喇嘛的《我的土地，我的人民》一書原稿的籌畫指導；也為設立於藏中地區的學校編寫教科書。一九六八年十一月，他在達蘭薩拉會晤天主教靈修大師湯瑪斯・牟敦（Thomas Merton），湯瑪斯・牟敦在他所著的《亞洲日誌》（*Asian Journal*）中記載了這件事，該書也收錄了仁波切為作者所寫的一首詩。

重建察派傳承流亡法座

一九六三年，究給仁波切繼續展開朝聖之旅，參訪尼泊爾西南部的佛陀誕生聖地藍毗尼園。仁波切從小就對佛陀的誕生地有強烈的依止感，決心與慕斯坦國王一同在此聖地建立一座寺院。一九六七年，他和慕斯坦國王請求尼泊爾國王瑪漢札陛下（King Mahendra）成全這件事，一九六八年終於獲得首肯，在尼泊爾政府考古部的督導下取得一片十卡薩 ⑯ 單位的土地。

一九六九年，他獲得西藏流亡政府同意，卸任返回尼泊爾重建那仁札寺及察派流亡法座。他在尼泊爾建了兩座寺院：一座是位於尼泊爾藍毗尼園的吉祥‧極堅寺（Tashi Rabten Ling Monastery），另一座是位於尼泊爾首府加德滿都博達拿佛塔附近的大慈寺。

藍毗尼園的吉祥‧極堅寺於一九七五年落成開光啓用，究給仁波切親自設計了藍毗尼園的寺廟建築，並親自督導建造工作。爲了籌措建寺費用，他義賣從西藏帶出的許多珍貴物品，慕斯坦國王和在家眾也提供了額外的資助。

仁波切的妹妹至尊庫修‧昆桑‧丹卓（Jetsun Kusho Kunzang Tendrol）是位受過具足戒的比丘尼，她住在藍毗尼園的寺院中，夜以繼日禪修誦經，至今已如此精進修行長達二十五年以上。

除了藍毗尼園和博達拿的寺院之外，他又在加德滿都上方小山丘的西瓦普利（Shivapuri）附近的巴多拉（Bagdora），建立了一個小型的閉關場所，此地是拘留孫佛與賢劫過去諸佛加持過的聖地。

究給仁波切也在慕斯坦的羅‧格卡（Lo Gekar）創立了一所察派閉關中心，蓮花生大士曾在此地封藏伏藏[47] 教法，並曾在建立西藏的桑耶寺之前，於此設立過一所寺院。此地非常神聖，它是伏藏師桑傑喇嘛（Sangye Lama）發掘出

第一函蓮花生大士伏藏教法之處，桑傑喇嘛是寧瑪傳承一
〇八位伏藏師中的第一人。在蓮花生大士的各種傳記（如
《蓮師傳記合集》〔*Padma Kathang*〕）中都記載了許多和此地
有關的故事。

《密續傳承史》和《大瑜伽續》（*Mahayoga tantras*）的看
法相同，都告訴我們蓮花生大士當初試圖在西藏建立桑耶
寺時，因為控制藏地的女魔的阻擾，開始時曾遭遇挫折。
後來他將這女魔的頭部鎮伏於羅‧格卡，並在此處封藏伏
藏，並建立一座寺院。這是他調伏敵對勢力並對治西藏不
吉祥地理形勢的第一步。

慕斯坦國王將羅‧格卡寺獻給究給仁波切作為供養，而
仁波切也在此閉關修行了許多時光。

創始三年一期的閉關傳統

為了與那仁札寺和察巴法脈的傳承相應，究給仁波切曾
指導三批僧眾進行為期三年半的喜金剛密續本尊閉關。第
一次閉關地點是尼泊爾的藍毗尼園，由法王達賴喇嘛主辦；
第二次和第三次則是在尼泊爾首府加德滿都的博達拿。

仁波切藉由這幾次閉關培養了許多具格的閉關指導上
師，他們分別來自薩迦傳承各支派，有能力以督導其他行
者閉關修行的方式，來護持這些實修傳承。究給仁波切已
請求薩迦傳承的薩迦派與哦派延續他創始的這種三年一期

的閉關傳統。

建設藍毗尼園

前面曾提及，究給仁波切從小就對佛陀的誕生聖地藍毗尼園具有強烈信心。他說自己約四、五歲時初次聽說佛陀的故事，當聽到藍毗尼園這地名時，全身充滿無法形容的依止歸屬感，禁不住熱淚盈眶，一陣震顫襲遍全身，使他毛髮直豎。位於藍毗尼園的寺院則曾做東接待過法王達賴喇嘛、第十六世噶瑪巴、頂果・欽哲法王（H.H. Dilgo Khyentse Rinpoche）、薩迦・崔津法王、庫努喇嘛（Khunu Lama）及許多藏傳佛教各教派其他重要喇嘛。

目前究給仁波切即將在藍毗尼園完成規模更大的第二座寺院，它將是薩迦傳承察派在西藏以外地區的正式駐錫地與主要寺院。每年藏曆新年前夕，究給仁波切和僧眾總會舉行為期十至十五天的瑪哈嘎拉暨瑪哈嘎利（Mahakali，吉祥天母）密續本尊法會。他也會在此地傳授整部《成就法總集》（Drubthab Kuntu），這是一套相當龐大的教法合集，需要三個月才能全部傳授完。

此外，每年究給仁波切都會大力支持為祈求世界和平而在藍毗尼園舉行的「薩迦祈願大法會」（Sakya Great Prayer）。薩迦・崔津法王和兩位法王子及許多高階喇嘛或祖古都會參加這項法會。法會為期十天，每年都會吸引三

千位以上的僧侶和成千上萬的在家眾參與盛會。位於藍毗尼園的新寺院 ⑱ 就是用來容納前來參與祈願大法會的與會者。

尼泊爾國王與皇后曾請求究給仁波切改善藍毗尼園的狀況。到過藍毗尼園的訪客以前常說，佛陀傳記描述此地是美妙的花園，甚至曾是史上最有名的勝地之一，但如今卻找不到什麼花朵。

為了改善這情況，也由於究給仁波切對此聖地的依止感，所以他在藍毗尼園的新寺院開闢了一處大型苗圃。如今這苗圃已成為該地區其他苗圃與許多花園的花草樹苗供應來源，這是究給仁波切正在進行中的計畫的一部分，目標是要在藍毗尼園各處設立許多花園，並保持花草樹木的繁茂。目前這些花園正朝每年供應億萬株花朵來向釋迦牟尼佛誕生地致敬的目標穩健邁進。

最近駕崩的尼泊爾國王百仁札王（King Birendra）曾賜給究給仁波切一個吉祥的尊號——「果卡・達心・寶」（Gorkha Dakshin Bau），意指「西尼泊爾大導師」，這是唯一一次有西藏喇嘛獲得尼泊爾國王授與這項殊榮。

百仁札王賜此尊號是為了表彰仁波切的佛行事業，尤其是他在西尼泊爾藍毗尼園為復興佛法孜孜不倦的奉獻。這些努力包括仁波切所寫的《如是我聞》（*Fortunate to Behold*）

一書，其中包含一些西藏《甘珠爾》（Kangyur）經藏中有關藍毗尼園的記載，該書已譯成英文、中文與尼泊爾文。

無上的神聖上師

因為許多藏傳佛教傳承持有者都曾領受究給・企千仁波切傳法，因此他被視為無上的神聖上師。

他的弟子包括法王達賴喇嘛，仁波切曾傳授不共道果等許多殊勝珍貴教法給他；薩迦派領袖薩迦・崔津法王也是他的弟子。仁波切至今已將其法脈傳承給薩迦派的所有上師及寧瑪、噶舉、格魯各派的許多喇嘛，接受過他傳法的弟子不計其數。

擔任達賴喇嘛的上師

究給・企千仁波切自一九七一年起擔任法王達賴喇嘛的上師，他對一切有情的皈依處——法王達賴喇嘛懷有最大的依止心與恭敬心，法王則將究給仁波切視為根本上師之一。

究給仁波切也大力稱讚法王對「道果」的領悟，說特別因為他的前世曾是偉大的「道果」上師——第五世達賴喇嘛，第五世達賴喇嘛曾寫了一套三十二冊的「道果」經典巨著，其主要薩迦傳承上師是察派的岡波・索南・秋登（Gonpo Sonam Chogden），他曾從其領受不共的喜金剛教法

不共「道果」。第十四世達賴喇嘛則滿懷廣大信心與自信心，從究給·企千仁波切座前領受了「道果」不共傳承。

有個很有趣的緣由，可說明究給·企千仁波切和達賴喇嘛之間如此殊勝的宿世因緣，即是有關法王達賴喇嘛被視為觀音菩薩化身的故事。究給仁波切表示，達賴喇嘛被視為觀音菩薩化身的主要原因，出自印度上師阿底峽的一位弟子——西藏喇嘛仲頓巴·給衛·君尼（Dromtonpa Gyalwai Jungney）的故事。阿底峽是印度偉大的佛教班智達，曾創立藏傳佛教噶當派 ⁴⁹ 並於西藏各地大力弘法，其西藏大弟子就是仲頓巴。

仲頓巴是觀音菩薩的眞實化身。在其有關噶當傳承的自撰著作中，證實自己最初曾是文殊菩薩，後來是佛陀的首座弟子舍利弗，之後又轉世爲仲頓巴，同時也確認自己就是觀音菩薩的化身。在這部著作中也提到，先有仲頓巴，之後才有根敦·珠巴（Gendun Drub）；同樣地，也是先有仲頓巴，後來才有欽瑞·秋傑。讀者應還記得，欽瑞·秋傑就是首位來自夏魯·庫賢家族的「究給·企千」。

偉大上師作品中的描述和預言，其基礎是建立在佛法上師及其傳承的淵源上。根據噶當傳承史這些記載，可理解爲何第一世達賴喇嘛根敦·珠巴會被認爲是仲頓巴的轉世，而這也是達賴喇嘛被認爲是觀世音和文殊菩薩化身的

主要原因。同一本著作還告訴我們，欽瑞・秋傑是仲頓巴的化身，因此他也是觀世音菩薩和文殊菩薩的化身。

如前所述，自欽瑞・秋傑持有「究給・企千」尊號以來，歷任「究給・企千」都是其後裔，而且都是經由父系「主脈」繼承而來，因此又被稱為「主脈」祖古或「主脈」化身。達賴喇嘛已依循傳統，建議那仁札寺維持這種珍貴主脈制度來選任座主，據說之前的上師功德，能經由主脈傳承給後來的上師。此即欽瑞・秋傑和歷任「究給・企千」的故事有助於了解現任「究給・企千」之原因。

因此，我們能了解，仲頓巴有兩支分別從根敦・珠巴和欽瑞・秋傑這兩位同時代人物開始的化身法脈：一支法脈是透過達賴喇嘛的轉世而傳承，另一支則是經由父系主脈世襲的歷任「究給・企千」。法王達賴喇嘛是該系法脈的第十四世，而當今的「究給・企千」則是自欽瑞・秋傑以來的第十八任。

每當被問及是各尊菩薩及歷代祖師化身時，究給・企千仁波切總愛開玩笑說他對這些並不清楚，但可確定自己必定是其祖母的轉世。仁波切年輕時曾夢見碰斷自己的下顎，當他跟親戚訴說此事時，那位親戚說仁波切的祖母也曾同樣弄斷自己的下顎。仁波切說因為此事之故，他一定是她的轉世！

傳法給薩迦‧崔津法王

究給仁波切已將他持有的大部分主要傳承傳給薩迦‧崔津法王，其中包括：察派傳承的不共道果；結集藏傳佛教所有主要修持傳承教法的《密續總集》；類似之結集《成就法總集》；哦千‧貢噶‧桑波的作品合集；覺囊百法；六種不同之時輪金剛灌頂（其中布魯〔Bulug〕、覺囊〔Jonang〕、梅紀百法〔Maitri Gyatsha〕、勝樂出現續〔Domjung〕四種灌頂包含在《密續總集》中）等，以及許多其他教法。薩迦‧崔津法王也是究給‧企千仁波切所持各法脈傳承之主要持有者。

《密續總集》是所有偉大佛法修持傳承的巨大寶庫。收錄寧瑪、薩迦、噶舉、格魯、波東（Bodong）、覺囊、息解（Zhije）、烏金口耳教授（Urgyen Nyengyu）、時輪金剛等藏傳佛教所有教派與修行法脈的教法與傳承，總共三一五種大灌頂和二十五部大論釋，通常約需兩年方能全部傳授完畢。傳給薩迦‧崔津法王之前，究給‧企千仁波切是《密續總集》唯一持有者。

一九七〇年代初期，究給仁波切曾造訪印度德拉敦的薩迦中心，在這幾次長期參訪中將這部教法合集傳給薩迦‧崔津法王。究給仁波切本人則是透過至聖仁波切旋遍‧寧波領受從蔣揚‧羅迭‧旺波傳下的這一系傳承。

不世出的蔣揚・欽哲・旺波偉大的薩迦弟子──蔣揚・羅迭・旺波，在上師指導下彙編了《密續總集》與《成就法總集》。當年蔣揚・羅迭・旺波在康區傳這些法時，至聖仁波切旋遍・寧波和瑜伽女至尊貝瑪都是其弟子。後來至尊貝瑪又於那仁札寺傳《成就法總集》，當時前任與現任「究給・企千」的上師任窩仁波切是主要領受者。究給仁波切則是從上師任窩仁波切領受這些法，這是《成就法總集》的傳承史。

至尊貝瑪瑜伽女是已證悟的成就者，已證得喜金剛和金剛瑜伽母法門之成就。眾所周知，她能顯現許多因成就而獲致的神通。當年她在那仁札寺傳法時有佩帶珊瑚念珠的習慣，有天為了回應大自然的呼喚，她將念珠懸掛在陽光上，許多人都親眼目睹那串念珠懸在半空中。

有次她到藏北地區傳長壽灌頂，當時有些尼眾在場，她們嘲弄地問她：「你是什麼人？一個女眾？竟然要傳授灌頂給我們？」為了回應質問，她取下耳飾懸掛在從帳頂小孔照射進來的陽光上。至尊貝瑪是真正的空行母，亦即已獲致偉大證悟的女性修行者，她們能展現真實成就的徵象。究給仁波切之所以將其《成就法總集》獨特法脈視為極其珍貴之傳承，此乃主要原因之一。

各地傳法

最近幾年，仁波切一直在世界各地大力弘法。一九九八年曾前往美國與加拿大傳法，包括覺囊傳承「時輪六支金剛瑜伽」法門之灌頂與完整教授。至今已在西藏、慕斯坦、加德滿都、馬來西亞、台灣、美國、西班牙等地傳授過時輪金剛灌頂，許多人認為他是最具決定性權威之時輪金剛法金剛上師。

究給仁波切至今已圓滿許多時輪金剛法閉關，尤其是至尊覺囊・多羅那他（Jetsun Jonang Taranatha）的覺囊派六支瑜伽傳承，究給仁波切以此方式延續了傳承祖師欽瑞・秋傑之法教。曾親身領受金剛瑜伽母授與時輪金剛灌頂的欽瑞・秋傑是香巴拉國王之轉世。究給仁波切的一位上師於仁波切年幼時曾夢見仁波切即是時輪傳承大本營——香巴拉淨土的王子。

一九九四年，仁波切曾前往日本弘法，傳授日本歷史上曾廣為流傳的大日如來大灌頂與其他各種灌頂。一九九六年首次到澳洲弘法。一九九八年又展開一系列的弘法之旅，前往新加坡、馬來西亞、香港、台灣、澳洲各地傳授許多灌頂與法教。同年，仁波切曾在台灣台北市為六千位參加法會的弟子傳時輪金剛灌頂和其他法，其中包括台北市長與數位台灣政府閣員。⑩

西元二〇〇〇年，仁波切曾到法國訪問，並傳授《成就法總集》中的各種灌頂。同年又於西班牙巴塞隆納授與時輪金剛灌頂並公開傳法。最近一次則是二〇〇一年，他圓滿一次爲期兩個月的弘法之旅，旅程包括台灣、香港、澳洲的五個城市及紐西蘭、新加坡、馬來西亞古晉（Kuching）等地。

除西藏和尼泊爾之外，仁波切在台灣、香港也有許多中心，西班牙的維斯塔‧貝拉（Vista Bella），也正興建一處大型閉關中心。仁波切也是澳洲和紐西蘭許多中心的佛法導師，曾於一九九六年和二〇〇一年兩次訪問之旅期間，在澳洲各佛法中心傳授包括喜金剛與勝樂金剛的各種灌頂及金剛瑜伽母法門之不共教授。

曾領受究給仁波切傳法或聽聞其開示的人，都毫不猶疑同意他是位熱心說故事的人。每次仁波切在灌頂傳法時，幾乎總會說些和所傳法脈之菩薩、上師相關的動人傳奇，以及與出離心 [51]、悲心 [52]、菩提心 [53]、依止心等能闡明佛陀主要法教的故事。

與寧瑪派頂果法王互傳教法

究給仁波切曾和寧瑪派 [54] 的前任法王——頂果‧欽哲仁波切互相傳授過許多教法，頂果‧欽哲法王視究給‧企千仁波切爲卻尊‧森給‧旺楚的化身（祖古）。卻尊‧森給‧

旺楚是十一、二世紀時西藏著名的大圓滿上師，後來證得無死虹身，有個例子可說明究給仁波切和頂果・欽哲仁波切之間的吉祥因緣。

眾所周知，頂果・欽哲法王是西藏佛教的建立者之一——印度上師無垢友（Vimalamitra）的化身。無垢友在離開西藏七百年後，曾再度示現虹光身，將教法傳給卻尊・森給・旺楚；此外，究給仁波切也視頂果・欽哲法王為賢劫未來佛的化身。這件事若從究給仁波切和未來佛彌勒菩薩之間的關係思考，具有深遠意義。

與三根本之間的故事

尊貴的上師祖古烏金仁波切（Tulku Urgyen Rinpoche）曾說究給・企千仁波切是位成就者，也是位已於金剛乘佛道成就之行者，或許我們可舉幾個實例說明此事。金剛乘佛法會提到三根本——上師或喇嘛、禪修之本尊、空行和護法。以下便是幾則究給仁波切與三根本之間的故事。

上師化現淨相

先就第一根本——上師或喇嘛的成就來看，究給仁波切的侍者旺度拉（Wangdu-la）曾說過一個小故事。一九七〇年代究給仁波切駐錫藍毗尼園時，有次待在寺院樓上的房間

中閱讀。當時旺度拉正在隔壁房間休息，他聽見仁波切以充沛的聲音說話，猶如在傳法。

翌日早晨仁波切問他：「昨夜你是否聽到什麼聲音？昨夜真是非常幸運，我看見哦千·貢噶·桑波的淨相化現眼前！」仁波切透露，哦千出現在他前上方並伸出手，當時他握住哦千的手，以深切之依止心將其放在自己頂輪。

究給仁波切如此握著哦千的手，將哦千的著名讚歌《無上事業》（*Rab kar ma*）的完整論釋獻給哦千作為供養。仁波切告訴旺度拉，哦千是位偉大上師，他如仁波切般嚴守比丘戒，並且都持有、修持喜金剛及不共道果。由於這些原因，哦千對究給仁波切非常歡喜，因此讓智慧身淨相化現在他面前。

禪修本尊的徵象

至於和禪修本尊有關的徵象，也有幾個故事或許值得一提。仁波切早年在西藏時，曾傳授許多金剛乘灌頂和其他法，且每年閉關禪修。其佛法事業曾出現許多象徵其成就之瑞兆。

據一位親近弟子描述，有次仁波切傳授為期十三天的大日如來灌頂，法會最後一天傳授白瑪哈嘎拉灌頂，當時會場佛壇燃著一百盞供養諸佛菩薩的酥油燈。曾有一刻，所有酥油燈的燈火全部匯聚，成為一團巨大火焰，以順時鐘

方向盤旋上升，愈升愈高，最後消失於空中，很多人親眼目睹全部過程。

另一則故事則描述禪修本尊示現的徵象。一九七七年，究給仁波切在慕斯坦的察讓寺傳授「道果」。察讓寺法座即為哦千之法座，乃哦千・貢噶・桑波所建。一九七七年仁波切訪問慕斯坦期間曾傳授一個半月的「道果」，並指導僧眾依佛制結夏安居三個月。

前往慕斯坦必須先騎馬經尼泊爾北部波卡拉（Pokhara）到炯森（Jomsom），途中必須騎在馬背上穿越數條河流。當仁波切正橫渡一條很寬的河時，出現一輪很大的彩虹，橫渡河流過程中一直環繞著仁波切與他的座騎。當時在仁波切四周約有十五至二十個人，有些人以為這輪彩虹是因仁波切的馬濺起水花反射陽光所致。然而卻無任何彩虹圍繞其他騎乘者，而且彩虹看來似乎呈圓球狀，並一路跟隨仁波切渡過河流，同行者都親眼目睹。

抵達察讓寺後，究給仁波切開始傳授「道果」，宣布將過午不食，且不在法會之外的時間接見任何人，他想要獨處。後來「道果」進行到「三密續」（或「三續」）時，他似乎未注意到時間，且之後常不休息、不進食地安坐在法座上，直至午夜時分。

但隔天早晨他仍會準時出現，而且看來非常正常，但之

後又會像前一天一樣。有時午夜過後，他必須被護持離開法座，但離座時他仍會持續進行傳法，猶如一直沉浸在喜金剛壇城的淨相中，任何事也沒發生。

這情形持續了十五天，他的容貌在這段期間時常變化，眼神不時會讓在場的人想到喜金剛等密續本尊的面貌。

因爲同一時期也正在進行結夏安居，所以這幾個月期間，每天傍晚約五、六點時，僧眾都會誦經作晚課或繞寺經行。在傳授「道果」期間，幾乎每天傍晚僧眾經行時，天空都會出現一道彩虹，通常它會向下延伸觸及寺院，人們也經常會看到太陽周圍有一輪彩虹。結夏安居圓滿後，僧眾們前往察讓寺附近一個花園的草地舉行野餐慶祝會，當天人們曾見到一道彩虹從寺院延伸到那座花園。

有些弟子擔心這些徵兆可能是預示這位導師不久將圓寂，因此慕斯坦皇室及其他人舉行許多場法會，迴向仁波切長壽住世。

當「道果」傳授完畢，結夏安居亦已圓滿後，仁波切對侍者古魯（Guru，「上師」之意）說，人們以爲這些彩虹景象全都意味著他將圓寂，其實不然，仁波切說這些彩虹是種吉祥的徵兆，表示哦千‧貢噶‧桑波對仁波切很感歡喜，因爲仁波切遵循並持守他的教法，因爲他安坐在其法座上，也因爲他實踐了他的種種大願。這些彩虹景象表示

哦千的加持，因為他對仁波切在慕斯坦的廣大佛法事業感到非常歡喜。這故事證明禪修本尊喜金剛以及上師哦千‧貢噶‧桑波的攝受加持。

仁波切的生平還有另一件和禪修本尊有關的插曲，或許也值得一提，這件事發生於一九八九年馬來西亞古晉之旅。當時他受邀依據覺囊派多羅那他的修持指引，依覺囊傳承禪修法本傳授時輪金剛大灌頂及覺囊派的「時輪金剛六支瑜伽」完整教授。

依照慣例，準備灌頂法會時，法會侍者必須實際製作一個代表壇城，以便在法會中開光修法。通常仁波切都會讓法會侍者單純依照經典指示和過去所學來準備壇城，而不會給與太多指導。

然而，此次仁波切卻指示法會侍者古魯要非常如法地製作壇城，他坐在一旁詳細指導製作細節。有個金屬盤子塗了一層奶油薄膜，好讓它有點黏性，並在上面排列一些穀粒代表壇城的所有本尊。後來仁波切準備灌頂時，他的法相開始變得非常有威力。

當時輪金剛灌頂進行到為智慧壇城諸尊的實體壇城開光時，仁波切說時輪壇城諸尊的確正現身於佛壇的壇城上方。有位當時在場的人描述，當仁波切說這些話時，語調變得異常沉重，彷彿自己正清楚見到這番景象。

灌頂結束後，法會侍者在收拾佛壇時，發現曼陀羅盤上有些清楚的圖案。這些圖案既不在奶油薄膜下面，也不在上面，而是在那層奶油裡面。有八個清晰的花朵形狀環繞在盤子周圍，另外兩個花朵則出現在盤子中央，總共有十個「蓮花」圖案。每個人都看見了，而且拍下了照片。

在時輪金剛的壇城中，有兩尊中心本尊——佛父時輪金剛和明妃一切母 ⑤ 佛母，周圍環繞八尊空行母（在《時輪金剛續》中稱爲大樂天女〔shaktis〕），就如喜金剛或勝樂金剛等其他密續本尊的壇城中所見到的一般，所以這些花朵圖案可被視爲本尊眞正降臨的徵象。在傳承祖師的傳記中，壇城中的「花朵」是成就的表徵之一。根據典籍中的描述，這些徵象有兩種形式，有些是如這次一般自然出現於壇城上方或裡面，有些則是從空中飄落在壇城上。

究給・企千仁波切被尊崇爲誦經祈願與灌頂的眞正上師之一，另有一個顯現密續本尊之加持的故事可說明此事，也值得在此敘述。究給仁波切時常接受法王達賴喇嘛與西藏流亡政府迎請，進行各種法會。有次當他主持咕嚕咕咧佛母 ⑥ 火供時，達賴喇嘛說：「薩迦派的這些教法和修法都是甚深法門，總是能帶來善果。」

過了不久，達賴喇嘛離開誦經的房間，此時突然發生輕微地震。達賴喇嘛立刻走回來，並說：「你們看！我剛剛跟

你們說過薩迦的法甚深，立刻就有跡象證明這件事！」後來在法會進行過程中，又發生了五次地震，有些在場的人便聯想到，佛陀的一生中有很多吉祥的大事因緣都曾伴隨大地震動。從此之後，達賴喇嘛的聖寓便特別增添了供奉咕嚕咕咧佛母的佛壇，以向此次吉祥聖會致敬。

空行與護法的加持

提過上師和禪修本尊的加持徵象後，還有些事證可顯示空行與護法的加持。一九五九年，拉薩發生反抗中國入侵西藏的抗暴運動後，究給仁波切曾夢見一位騎乘巨大黑馬的男眾對他說：「我會給你通行證離開這地方。」接著出現一位白衣尼眾對他說：「這是你的通行證。」然後便交給他一份文件。

仁波切曾透露，這兩位就是伏魔勝（Dugyal）和白衣天女（Karmo），是普巴金剛和蓮花生大士的護法。祂們也是薩千‧貢噶‧寧波生平的護法，曾現身於薩迦發出警告，說薩千在他研習的佛學院中生病。由於這些因緣，所以究給‧仁波切在安全抵達慕斯坦之後，為伏魔勝建了一座佛壇。

究給仁波切在中國人佔領拉薩兩天之後，決定離開西藏。仁波切曾諮詢一尊神聖女護法的神諭，指示他離開，前往北方，稍早之前他曾想與法王達賴喇嘛一起逃往南方。後來決定遵循這尊護法的指引，儘管當時中國的飛機

在天上盤旋，到處轟炸，最後他仍成功逃離西藏，前往邊界附近尼泊爾境內慕斯坦地區的羅·蒙桑安全避難所。

最後還有個故事也和護法有關，或許也值得一提，這是一件不平凡的事蹟，發生於仁波切前往慕斯坦時。仁波切曾到過慕斯坦多次，每個村落都會邀請他主持誦經祈願法會與傳法開示，只有慕斯坦東北方的山宗村比較特別，多年來從未邀請他前往訪問。這村莊仰賴發源於溪谷上方的河流灌溉農作物，有一年水源乾涸，那條河從源頭直到村莊的田園下方都沒有水，村民們擔心農作物無法收成，便請求仁波切前來協助。

於是仁波切前往該村，並在那裡舉行三天的祈請法會，並作了一些占卜，之後仁波切說：「現在我必須前往水的源頭。」隨後便和慕斯坦國王一行人啓程出發，騎馬往上游走了四公里。到達目的地之後，在原先水源處旁的地上鋪上地毯，並安置了一個小法座，另外又安放一塊石頭作爲仁波切的法桌。

然後仁波切開始誦經祈請儀式，獻上食子（又稱「朵瑪」）[57]，並燃香供養龍族。祈請儀式開始後不久，大家就必須趕緊將地毯和法座移開，因爲水的源頭很快就冒出水來，泉湧而出的水淹沒他們原先所坐的區域。因爲水的勁道實在太強，所以每個人都被迫快速向後移動遠離那兒。

從此之後，那處水源湧出的水便源源不絕，該村的農人也無須再為農作物的灌溉水而煩惱。這件事讓人想起偉大的祖師大德們的一些生平故事，他們也曾為缺水的地方帶來水。

究給仁波切的「咒水」在尼泊爾的佛教圈中相當出名。多年來，人們總是帶著一瓶瓶礦泉水去找他，他會將加持過的神聖甘露放進這些瓶子中，然後持誦咒語，並將咒語吹向瓶口。這樣的水即使只有一點點，內行的人也看得非常珍貴，許多人虔誠喝下這些水後，就避免了開刀手術或各種重病。仁波切居住的尼泊爾博達拿地區普遍流傳這樣的事蹟。

許多西藏佛教喇嘛都證實這些故事所說的內容。噶瑪・聽列仁波切（Karma Thinley Rinpoche）說究給仁波切已證得密續成就的金剛身 ⑱ 果位。啓基・秋林仁波切（Tsikey Chokling Rinpoche）則說他已斷除所有煩惱和業，並已了知諸法實相，而且是最殊勝的活佛上師之一，總是安住於證悟之境界。

堅貞不移的佛法修行者

究給仁波切年輕時每天禪修四次，每次時間長達四到五小時，這種嚴謹的修行生活直到今天始終奉行不輟。有時

仁波切可在一次禪修中圓滿修完兩、三次喜金剛或其他本尊的全部儀軌。他一生至今每晚只睡一至一個半小時，這也有助於他的修行。

正是由於這種無須睡眠而持續修行的能力，使仁波切能持守許多薩迦珍貴傳承的每日持誦誓戒，否則這種連續不斷的每日持誦，可能就會在因中國入侵西藏而逃難時中斷。也正因為對佛法修行的堅貞不移，使許多人視仁波切為已獲殊勝成就的上師暨薩迦派修持傳承的中心人物。

過去十年來，雖然仁波切的年紀已從七十幾歲增長到八十多歲，但他對這段時光作了最好的運用，圓滿多次大黑天本尊閉關誓願。仁波切的大黑天傳承閉關修行，其實是從一九七八年在慕斯坦皇宮的一次為期六個月的閉關開始的。咸信到目前為止，仁波切至少已圓滿兩次為期三年的大黑天密續本尊閉關。

據傳究給仁波切持守隱修瑜伽士的修行方式，這是因為他利用許多時光閉關修行，因此他被認為是位隱修上師。他已圓滿好幾次為期三年的禪修閉關，至今仍遵循印度的毘瓦巴和西藏的密勒日巴等過去佛教成就者的典範，維持一天大約禪修、誦經二十小時的嚴謹修行生活。二〇〇二年時，仁波切已高壽八十三歲，仍持守這種不凡的修行與佛法行誼。

薩迦・崔津法王曾如此讚歎究給・企千仁波切：「有許多人因聽聞經典而證得智慧，有些人因思惟佛法而證得智慧，只有很少數人因修行而證得智慧。而究給・企千仁波切則證悟全部三種智慧。我們應深慶自己具足如此圓滿的因緣能見到他，這件事本身就是種偉大的加持。」

注釋

① 金剛乘（Vajrayana）：亦稱「密乘」，為釋迦牟尼佛及其他諸佛所說法的密續總集，不僅闡述化身佛境界，也談及報身佛、法身佛的微妙究竟境界。

② 喜金剛為五大金剛法之一，初由卓彌大譯師從迦耶達日具足聽受灌頂要門，依次傳下，至薩迦派而大弘，屬於不二續之無上瑜伽法。喜金剛藍身，八面十六臂，各面三眼，褐髮朝天，以斑杵及五骷髏頭為頭飾，濕頭骨鏈珠飾身。

③ 本尊（yi dam）：證悟者的一種身形，作為金剛乘行者觀想與禪修的所依。或為男性，或為女性；可為寂靜（祥和），可為忿怒。在三根本（上師、本尊、空行）中，本尊乃成就的根本，在究竟的意義上，被視為與行者的心無二無別。

④ 卓彌大譯師（Drogmi Lotsawa, 994-1078）：即卓彌・釋迦智（Drogmi Shakya Yeshe），是印度佛教「道果」、「時輪金剛」等法在西藏的傳播者，譯著與門徒眾多，因此尊稱「卓彌大譯師」。薩迦派初祖薩千便曾供養他黃金，以求學「道果」密法。

⑤ 三現量分（nang sum）：現量即感覺之意，指無須意識思索的直接感受，如眼、耳、鼻、舌、身對應五塵的感覺，在「道果」中即指注 6 中的三種見。

⑥ 三種見：即不清淨見、實修覺受見、清淨見。不清淨見即世俗見，指觀輪迴過患、人身難得、因果業報等；實修覺受見是指禪修行者所共有的體驗覺受；清淨見是指究竟佛果的見地，即如來的身、口、意。

⑦ 三密續：因密續、方法密續、果密續。因密續即「根」，指心；方法密續即「道」，指身；果密續即「果」，指「大手印」。

⑧ 蓮花生大士（Guru Padmasambhava）：印度的佛教大師與密乘成就者，西元八世紀時應赤松德贊王迎請到西藏，克服當時許多障礙，將密法傳入西藏，奠定了西藏的佛教傳統，被視為寧瑪派的祖師。

⑨ 金剛瑜伽母（Vajrayogini）：密教本尊之一，或稱「金剛亥母」，是表示眾生本有般若波羅密多自性的佛母，有多種傳承與身形，此處應指由那洛巴所傳之「那洛空行」，是薩迦派主修法門之一，也受格魯派所重視。

⑩ 時輪金剛（Kalachakra）：時輪即時間之輪，指代表宇宙時空的外在時輪，和代表吾人身心系統與生命能量的內在時輪，也指時輪密續的生起次第與圓滿次第。眾生攀緣過去、現在、未來，而流轉於六道，若依時輪法修持，即能獲得解脫。時輪金剛則是無上瑜伽報身佛本尊，是藏密無上瑜伽部的不二續，為諸密法中最高無上極殊勝法門。

⑪ 大威德金剛（Yamantaka）：又稱怖畏金剛、閻魔敵等，是無上瑜伽部父續的主要本尊之一，為文殊菩薩的忿怒相。

⑫ 大小瑪哈嘎拉：指金剛幕主瑪哈嘎拉（Panjarnata Mahakala）和梵天相瑪哈嘎拉（Brahmarupa Mahakala）。前者是《金剛幕續》的護法，也是薩迦派的主要護法；後者則是《密集金剛續》的護法。

⑬ 十三金法：薩迦派祖師以重金供養所求得的十三種大法，包括三紅尊：那洛、梅粹、因渣三空行；三紅尊；咕嚕咕咧佛母、紅象頭財神和大自在天；及次一級的三紅尊等，是薩迦察巴支派的聞名教法。

⑭ 覺囊巴（Jonangpas）：藏傳佛教宗派之一，由貢邦特傑尊珠（1243-1313）在後藏拉孜的覺摩囊建立覺囊寺而得名，其教法部分源自薩迦派。此派主張「他空」，並認為心中一切所想皆為幻化，主要經典包括《時輪密續》。

⑮ 藏傳佛教由於歷史及地域等因素的影響，派別林立，甚至不同派別之間無法和諧相處，是藏傳佛教的一大問題。十九世紀，西康的三位大師——宗薩・蔣揚・欽哲・旺波、蔣貢・康楚和蔣揚・羅迭・旺波有鑑於此，所以推動「不分教派運動」（利美運動），其目的在反對宗派門戶之見所引起的宗教論諍與迫害，所以產生一個超越教派，尋求調和與容忍的運動。

⑯ 《大寶伏藏》（Rinchen Terdzod）：是蔣揚・欽哲・旺波所掘取的伏藏，而由蔣貢・康楚仁波切寫成的名著，共有六十四冊。

⑰ 大圓滿（dzogpa chenpo）：舊譯寧瑪派（紅教）的不共最高即身成佛法門，八世紀時由蓮花生大士傳入西藏，十四世紀時由龍欽巴尊者組織整理而集大成。一切現象的自性皆然，稱為「大」；「圓滿」指的是心的本性原來具足三身（法身、報身、化身）的功德。

⑱ 報身佛國色究竟天淨土：密教相傳佛陀以化身於人間轉法輪，另以圓滿報身於色究竟天等秘密淨土第四次轉法輪，這裡則是指化現為女尊，而已證得圓滿佛果的金剛瑜伽母的佛國淨土。

⑲ 虹光：透過高深的大圓滿法門，修行成就者命終時能讓身體回縮到組成身體的光質，色身會溶化在光中，然後完全消失。這種過程稱為「虹身」或「光身」，因為在身體溶化時，會有光和彩虹出現。

⑳ 遷識法（phowa）：即「頗瓦法」，藏密的彌陀淨土往生法門。它是一種心識與光明接觸的修行法，修行者依靠自力可以轉移到光明界中。

㉑ 師子賢（Haribhadra）：八世紀中印度人，精通般若，所撰的注疏甚多，如《二萬五千頌般若》之注、《八千頌般若釋現觀莊嚴明》等。

㉒ 蓮花戒（Kamalashila）：西元八世紀時的印度班智達，中觀自續派大師，曾於那爛陀寺教授密教經典，應藏王之請與中國和尚辯論，最後蓮花戒獲勝，從此確立了印度大乘佛法在西藏的基礎地位，此即西藏佛教史上著名的「拉薩論諍」。其重要著作為《中篇修行次第》。

㉓ 般若波羅蜜多（Prajnaparamita）：「般若」意指「智慧」，「波羅蜜」意指「到彼岸」，「般若波羅蜜多」是指智慧如船，能將眾生從生死的此岸，度到解脫的涅槃彼岸。

㉔ 宗喀巴（Tsongkhapa, 1357-1419）：格魯派創教祖師。七歲時曾在青海西寧的甲瓊寺從噶當派頓珠・仁欽學經九年，十六歲到西藏從仁達瓦大師學薩迦派教法，受其佛學觀點的影響很大。此外，宗喀巴倡導先顯後密的法旨，完成印度後期密教所提出但未及組織化和實踐的思想，這是密宗西藏地方化的重要表現之一，著有《菩提道次第廣論》、《密宗道次第廣論》、《辨了不了義論》等。

㉕ 香巴拉立典王朝（the Rigden kings of Shambhala）：據傳香巴拉位於西藏和蒙古北方某個隱密處。依據《時輪金剛續》（Kalachakra Tantra）記載，香巴拉國王目前統領香格里拉國度，未來將顯現，為拯救世界而奮戰，並引導世人進入和平的黃金紀元。一般認為，香巴拉整個王國即時輪金剛的壇城，歷代立典王朝的國王都是時輪密法的傳承持有者。

㉖ 光音天（prabhashvara）：色界二禪天的最高天，此界天人以淨光交談，故稱「光音天」。根據佛經記載，最初的人類便是來自光音天。

㉗ 忿怒尊（heruka）：即黑嚕嘎，又稱「飲血尊」。

㉘ 立斷（trek chod）：立斷是大圓滿空的部分，由心從何處生、住於何處、去往何方等三方面觀察，知道心無來處、無去處、不生不滅，立刻斷煩惱而得「空」的境界，其成就為虹光身。

㉙ 頓超（thogal）：頓超是大圓滿任運的部分。「頓」是頓悟，「超」是超越，是最高、最快速成就的法門。修此法門，智慧高者一天或當下就會成就虹光身；智慧低者，二十幾天會成就。但一定要有立斷和前行的基礎，驅逐所有執著，然後修

「頓超」法門進入光明界。

㉚ 祖古（tulku）：意思是「轉世者」或「化身」，指已證悟而能隨意自在化現於人間，利益眾生的修行者。

㉛ 金剛手（Vajrapani）：金剛手菩薩為大勢至菩薩的忿怒相，薩迦派特別的伏魔金剛手有二臂、四臂多種身形，是此派一切閉關修持前必修的本尊，可遣除日後修行障礙，保護行者免遭魔難。

㉜ 馬頭明王（Hayagriva）：觀世音菩薩所化現的忿怒本尊。

㉝ 氣（prana）、脈（nadi）：密教傳統中，氣、脈、明點是身心系統的動力網絡，氣在脈中流動，明點藏在脈中。修法時，瑜伽行者會將此系統觀想得非常清楚，透過禪定的力量，將氣導入中脈而後分解，就能直接證悟心性的「明光」。

㉞ 幻輪（trulkor）：印度瑜伽技法中，依瑜伽身姿帶動體內脈、筋、氣運轉。從外在看起來，彷彿有一虛「幻」之「輪」在體內輪轉而得名。不一定指何項動作，早先有人譯成「拳法」。

㉟ 聲聞緣覺乘：以自我解脫為宗旨的佛法修行道，最高果位為阿羅漢果（聲聞）和辟支佛果（緣覺）。

㊱ 大乘：不同於聲聞緣覺乘的佛法修行道，因其行自利利他的菩薩六度萬行，自度度人，故稱「大乘」，最高果位為佛果。

㊲ 四部密續：密續是指解說金剛乘的灌頂、道品、修法、薈供等的佛教典籍，因這類典籍必須經由上師傳授，代代相遞，故稱為「密續」。共分成四部：「事部密續」強調外在的清淨行為和手印，認為外在行為比內在瑜伽重要；「行部密續」同等重視外在和內在；「瑜伽密續」強調禪定的內在瑜伽更重於外在行事；「無上瑜伽密續」不僅強調內密瑜伽的重要，且無任何密續能超越它。

㊳ 密集金剛（Guhyasamaja）是無上瑜伽部密法父續部重要本尊。

㊴ 大黑天：即「瑪哈嘎拉」，密察智慧護法，是佛的化現。薩迦派最主要的大黑天為橫棍（紅棒）瑪哈嘎拉，是一切大黑天的兄長、喜金剛的化身。

㊵ 獅面空行母（Singhamukha）：寧瑪巴殊勝本尊，是一位獅子頭的女身護法，其原始法身為般若佛母或金剛亥母。獅面空行屬忿怒尊，以獅面表其威猛性，以調四魔而顯現兇忿相。有說是觀世音菩薩的示現，通常作阿彌陀佛的護法。

㊶ 白文殊（White Manjushri）：五文殊之一，白文殊為大日如來的化身，與桔紅文殊同為五文殊中的慈祥寂靜尊，也同屬五字文殊。

㊷ 白度母（White Tara）：據說觀世音菩薩因見眾生沉淪生死苦海，而雙淚俱下，右淚化為綠度母，左淚化為白度母。修持白度母法能增長壽命與福慧。

㊸ 蔣揚‧欽哲‧旺波（Jamyang Khyentse Wangpo, 1820-1892）：是西藏歷史上

唯一領受並傳授佛經、言藏、封藏、意藏、全集、淨相、口耳傳承等「七部藏」的上師。他的講述由蔣貢康楚仁波切寫成《大寶伏藏》、《所知法遍佈》、《教授藏》、《噶舉語藏》、《廣大教敕》等五部大藏，是推動不分教派運動的三大伏藏師之一。

㊹ 大日如來（Maha Vairochana）：即毘盧遮那佛，為密教金剛界與胎藏界的本尊，又名遍照如來，因其智慧日光遍照一切。密教視宇宙為大日如來的顯現。

㊺ 四面大黑天（The Protector Chaturmukha）：勝樂金剛所化現的護法。勝樂金剛為金剛持的忿怒化身，金剛持則為釋迦牟尼佛的秘密化身，相雖有不同，但其實無二無別。四面大黑天護法可戰勝各種障礙與各種強大的怨敵。

㊻ 卡薩（katha）：一卡薩是 17 X 20 平方公尺的範圍。

㊼ 伏藏（terma）：是指由蓮花生大士書寫，以神通力封緘於寺廟、聖像、岩石、湖泊、空中等處的無數法教。他將這些伏藏一一託付特定的弟子，並預示他們將會轉世成為伏藏師，在特定時空下將由封藏處取出法教，以利益眾生。

㊽ 即新吉祥・極堅寺，已於二○○四年一月三日落成開光。

㊾ 噶當派（Kadam School）：噶當派原是西藏最早的教派，由阿底峽奠基，其弟子仲頓巴所創立。「噶當」意指佛的教誨或教誡，主要強調僧人的戒律、修行次第以及調整顯、密之聯繫。此派主張修習次第應先顯後密。十五世紀時，宗喀巴以之為基礎，創立格魯派，俗稱「黃教」。原屬噶當派的寺院後來都成了格魯派的寺院，噶當派因而不再單獨地存在。

㊿ 實際的灌頂時間是一九九九年一月，當時的台北市長與其他官員僅在法會第一天到場致意，並未領受灌頂。

51 出離心：出離世間的決心，是佛法修證道的根本，必須對苦、空、無常、無我的本質具有透徹的洞悉和體認。同時在日常生活中，當一提起出離的警惕心時，千萬種煩惱立即消失，如此才可謂「已發出離心」。

52 悲心：菩薩常思拔除一切眾生痛苦的願心。

53 菩提心：在世俗諦上，是為了救度眾生脫離輪迴之苦而成佛的誓願與決心；就勝義諦而言，是超越一切概念之空、有不二。

54 寧瑪派（rnyingma-pa）：「寧瑪」意譯為「舊的」，即指其所弘傳的佛法是前弘期的密教，奉印度金剛乘大師蓮華生為祖師，注重金剛乘密法的修持，其中以「大圓滿」教授最重要。此派修行者戴紅帽，所以亦稱「紅教」。

55 佛父時輪金剛和明妃一切母（Vishvamata）：時輪金剛是時輪金剛續的本尊，與明妃一切母現雙運報身佛之相，時輪金剛所化現的淨土便是香巴拉。

56 咕嚕咕咧佛母（tantric deity Kurukulla）：司掌權威的女性本尊，膚色為紅色，身

形為一面四臂之舞姿，現半忿怒相。出自《喜金剛續》，為薩迦三紅尊之一，又稱為「作明佛母」。

⑤⑦ 食子（torma）：金剛乘修持與儀式中用到的可食用物品，有各種形狀與組合成份。根據不同場合，被當作供養，代表所修的本尊或本尊的壇城，甚至是儀式中用於除去修法障礙的象徵性武器。

⑤⑧ 金剛身（vajra body）：密續之圓滿次第所修持的氣、脈、明點微細系統，行者可藉此三者的修持生起大樂的明光心。

【卷一】

「遠離四種執著」修心法要——根頌

至尊札巴・堅贊 ● 造　法王薩迦・崔津／傑・歌德伯格 ● 英譯

上師本尊慈悲海會眾
我今至誠皈依祈加持

非法之行無益法應行
離四執著法義善諦聽

至此，作者完成祈請與闡述法義的發願。＊

若執著此生　則非修行者
若執著世間　則無出離心
若執己目的　不具菩提心
若執取生起　即非正見地

一不執此生　持戒聞思修
若為此生利　非法應斷捨

戒行為第一
往生善趣根
證悟解脫梯
離苦之良方

＊薩迦・班智達的注解

證得解脫法　無戒不成辦
執此生持戒　八風為其根
謗下嫉正誠　偽善持戒行
墮落惡趣因　虛詐應斷捨

聞思之行者
具足法資糧
驅散無明燈
正道引有情
法身成就種

證得解脫法　必聞思成辦
執此生聞思　法財增我慢
謗下嫉聞思　逐名聞利養
墮落惡趣根　八風應斷捨

禪修者具足
斷煩惱良方
成道解脫根
成就佛果因

證得解脫法　必禪修成辦

執此生修行　隱居仍無暇
持經心無念　嫉修嘲聞思
散亂自禪修　八風應斷捨

到此為止，所言與《阿毘達磨俱舍論》中的「依戒具聞思，實修三摩地」相應。因此，這些偈頌直接揭示究竟目標和世俗目標之間的差別，同時也間接指示思惟八暇十滿 ① 人身難得與生命無常的態度。

爲證涅槃果　須斷三界執
爲斷三界執　謹記世間患

第一思苦苦
三惡道之苦
細思心肉顫
若墮無能忍

善業斷苦苦　諸未能行者
自種惡趣因　輪轉誠可憫

思壞苦而知
天人淪惡趣

帝釋轉凡夫
日月終趨闇
宙王生爲奴

佛說此法教　凡夫不能了
自觀人間相　富強變貧弱
歡場成荒台　超乎於想像

思一切行苦
知行無有盡
眾寡及貧富
皆有遷流苦

窮畢生準備　準備時死亡
命終仍不止　來世又準備

世間集諸苦　執著者可憫

至此已直接揭示輪迴世間的過患，同時也相應於因果律而間接指出應奉行和應捨棄的行為。

離執證涅槃　證涅得安樂

親證宣此頌　遠離四執著

自解脫無益　三界諸有情
父母若受苦　求自樂可憫

願受三界苦　諸善歸有情
願功德加持　普皆證佛果

至此已間接指示慈悲的觀修，它是菩提心的生起之因，同時也直接道出菩提心的果——「自他相換」。

執取物自性　必不得解脫
執有無解脫　執空無天國
無明二邊執　歡喜住中道

至此已離斷、常戲論，並揭示將心安住於能、所二緣無別以及空、有不二之中道境界的共通法門。

萬法唯心生　四大非神造
外力不必尋　喜住心本性

至此已揭示唯識的共道次第，即將闡釋大乘中觀的不共道。

萬相皆幻化　依待而緣起
性狀無可喻　喜住不可說

至此間接指出修「止」（奢摩他）的方法，而修「觀」（毘婆舍那）
的方法則直接以下列方式揭示：既已有體系地安立一切所緣相皆唯
心所造；心為幻化；幻化則無自性；無自性之幻化乃依待而有，無
法言喻。因之修習心與其本然空性融合，於究竟中沒有任何概念的
邊執。

釋離四執著　此善業功德
願七道眾生　皆共成佛果

最後，作者功德回向一切有情同證究竟佛果。

此「遠離四種執著」法要，乃瑜伽士札巴·堅贊
書於吉祥的薩迦寺

注釋

① 八暇十滿：即「八暇」、「十圓滿」，具足這十八種功德的人身就是「暇滿人身」。「八無暇」是指地獄、餓鬼、旁生、邊地、邪見、長壽天，不值佛世、瘖啞，若無這八種惡緣便是「八有暇」。「十圓滿」則是指生於佛出世區域、諸根全、未自造無間罪、未教他造無間罪、勝處信、佛出世、說正法、教法住、法住隨轉、他所悲憫。

【卷二】

「遠離四種執著」論釋

究給・企千仁波切 ● 造釋

第 1 章

傳承史

我們即將探討的主題是著名的「遠離四種執著」（Zhenpa Zhidrel）法教，此一教法是三世一切諸佛所有教法中的精要。在此所呈現的是最簡單的可能形式——口訣，內容包含全部的法要，人人都能將這些指引應用到自己的生命中，只要如法修行，就會發現它們非常實用。

為了從法教的領受中獲得最大的利益，所以正確的發心非常重要，我們應為利益無量無邊的眾生而發心趨向大乘佛法。

修心

在浩瀚的佛法中，「遠離四種執著」教法所談的主題是「修心」。修心的目的則是為了使心柔軟——調柔剛強的習氣。未修持的凡夫心就如新皮革，如果未加以處理，將會愈來愈來硬，只要經適當的加工，就能或摺或疊隨心所欲地運用，否則一張未經處理的皮革是無法運用的。

依此譬喻，修心可說是意圖將我們的心訓練得更加柔軟，讓習性更為柔和。有位弟子在一句著名的祈願文中說：「請加持我，讓我的心能受大乘教法調教。」而上師也總是特別器重心已調伏的弟子。

上座部 ① 的出離心與皈依，大乘的慈悲與金剛乘的本尊相應 ②、真言 ③、禪定等法門，都是在教導我們調伏剛強

的心，目的是爲了讓心變得更加柔軟。這三乘的修持都是爲了幫助我們去除心中的貪、瞋、癡三毒。

如果心修持得很好，我們將因而獲得很大的受用，因爲每種修持都會帶來非常大的利益，使我們更加輕鬆自在。一旦心如法修習這些教理，就無須再於上師座下學習太多和修心有關的指引，因爲我們正發揮自己最大的能力在心的修行上。倘若這些法教眞的讓日常生活中的貪、瞋、癡三毒減少，這表示修心已有所成；如果煩惱並無減少，就表示我們並未如法修持。

西藏的不同佛法傳承都有各種與修心有關的典籍和來源。十一世紀時噶當派的上師首開先河，著述許多有關修心法門的論典。後來薩迦派的早期祖師以及曾出過多位西藏大修行者的噶舉派 ④ 上師，也紛紛繼踵前人志業，寫下許多相關著作。《解脫莊嚴寶論》（*Jewel Ornament of Liberation*）的作者岡波巴 ⑤ 就是其中一位，其後格魯派的創立者宗喀巴大師的「道次第」⑥ 也闡述這方面的教理。但修心法門儘管眾多，薩迦派的弟子卻特別尊崇「遠離四種執著」傳承。

爲了對薩迦傳承的眞正脈絡有個清楚的輪廓，我們必須先了解西藏的佛法傳承有五個主要派別──寧瑪、噶當、噶舉、格魯與薩迦派，每個宗派都依序出現過五位偉大的創

建祖師。「遠離四種執著」教法就是源自薩迦初祖薩千・貢噶・寧波，他是古老神聖的西藏昆氏皇族成員。

三種殊勝稱號

「遠離四種執著」如同所有藏傳佛法傳承的其他修心法門，能代表已證悟的祖師大德親傳的無數重要教法。昆氏皇族是這支法脈的維繫者，也是薩迦傳承的持有者，因此了解他們的一些點滴有助於此一法門的修習。

首先，我想和各位分享薩迦傳承的一些特殊功德——即所謂的三種殊勝稱號，它們說明了薩迦各支派的世襲傳承淵源。

天人世襲法脈

第一個殊勝稱號是「天人世襲法脈」（the hereditary lineage of the gods）。若想了解此一稱號的緣由，必須先知道在藏人的祖先中可找到此法脈的源頭。藏族由許多世襲血脈所組成，其中六系血脈——眾所周知的西藏六大家族，咸信是下凡人間的天人，六系血脈中的昆氏與夏魯氏（Zhalu）兩大皇族起源於光音天，祂們的後裔至今仍在人間利益眾生，而且至今仍保有其世襲法脈之清淨。

據說最初這些藏族人的祖先有三位分別稱為格仁（Kering）、哦仁（Ngoring）、才仁（Tsering）的天人，原本居住在光音天，後來下凡人間。傳說當初祂們降臨於遙遠的藏北，毗鄰蒙古交界地帶納拉（Namla）山脈的「水晶山」（Shelkar）。這些帶隨從來到凡間的天人享受巨大的財富與榮耀，據說祂們曾顯現「滿欲牛」[7] 之類的各種財神徵相，且居住在綴滿綠寶石和各種奇珍異寶的黃金天宮裡。

這些天人來到人間後，停駐於納拉山脈群山峰頂附近，古時有些妖魔住在山腳下的小丘陵，或祂們住所下方的洞穴中。後來這三位天人與其族裔認為必須降服這些時常侵擾西藏地區的妖魔勢力。

於是祂們開始和一群印度稱之為「羅刹」（rakshas）的非人妖魔進行長期戰鬥，最後光音天人獲勝，祂們的領袖手刃羅刹王辛波・札美瑪（Sinpo Drakmema），羅刹部眾因此不敵而潰敗。

昆氏家族世襲法脈

當時貌美的羅刹公主雅圖克・西莉瑪（Yatuk Silima）在爭戰過程中與三大天人中的哦仁墜入情網，兩人成婚後生下一子，名為昆・巴凱（Khon Bar-Kye）。「昆」在藏文中意指「忿怒」或「敵對」；「巴」意指「在中間」；「凱」意

指「出生於」。因此，此名的完整意思是「在敵對中誕生」，也可解讀為「在敵對與愛之中誕生」，表示交融了戰爭與愛兩種特質。這段佳話和其他類似緣由從此宣告藏族的誕生。

這故事告訴我們，昆氏家族的祖先來自色界第十七天的光音天，其天界祖先就是數千年前來到人間的光音天人，因此昆氏家族被稱為「光音天人的後裔」。由於他們的起源如此殊勝，所以第一個殊勝稱號即為「天人世襲法脈」。後來藏地的人就把這支因「衝突中誕生之愛」而誕生的家族血脈稱為「昆氏皇族」，這是薩迦家族的第二個殊勝稱號「昆氏家族世襲法脈」（the hereditary lineage of the Khon family）的由來。

普巴金剛傳承

在諸佛菩薩的偉大加持中，昆氏家族歷代成員誕生許多神聖的後裔。這支血脈的後代從昆・巴凱開始便孳息繁榮，有多位上師曾是寧瑪派許多早期傳承的持有者，昆・多傑・仁欽（Khon Dorje Rinchen）即是其中一位，後來演變成寧瑪（舊譯）時期的藏傳佛教開創初期也曾有多位偉大的上師來自這個家族。

蓮花生大士在西藏佛教傳布初期，將佛法帶到西藏，開創西藏佛教史上的「舊譯時期」⑧。蓮花生大士有二十五位

主要弟子，昆氏家族的昆‧龍王護（Khon Lu Wangpo）是其中最傑出的一位，也是西藏最早受戒出家的「七覺士」⑨之一。昆‧龍王護尤其精通普巴金剛法門，創立昆氏家族尊崇弘揚的普巴金剛傳承，並曾在拉薩附近的札克‧葉巴修普巴金剛法而證得悉地。

昆氏家族世襲法脈從昆‧龍王護開始，至今所有傳承持有者全都是本尊普巴金剛法門的成就者，且都能示現神通。早期的昆氏家族上師也都修持普巴金剛之類的寧瑪派禪修本尊。

昆氏法脈後來傳到兩位兄弟──昆‧袞就‧傑布與其兄昆‧羅‧智慧‧楚群（Khon Rog Sherab Tsultrim），他們才是昆氏家族佛法傳承真正的建立者。智慧‧楚群是位已成就的普巴金剛上師，據說曾將他的普巴杵插入薩迦北方涅（Nyak）地區的懸崖岩壁中。昆‧袞就‧傑布就是薩千‧貢噶‧寧波的父親，而「遠離四種執著」四句頌文便是文殊菩薩直接授予薩千的教法。

昆‧袞就‧傑布曾與多位往訪於印度的譯師及學者會面，因此後來對當時西藏流傳的「新譯時期」教法產生興趣。雖然他的祖師們在「舊譯時期」教法上已有所成，而且大都已透過本尊真實意黑嚕嘎⑩和普巴金剛法門之修持而成就，但他還是對新譯派的教法大感興趣。

薩迦寺的創建

昆‧袞就‧傑布在會晤自印度學成歸國的卓彌大譯師後，決定拜他爲上師，並改宗新譯派教法。後來他建寺於藏中薩迦（Sakya），此名的由來是因建寺的岩石陡坡所在地帶是灰石區，所以稱爲「薩迦」，意思是「灰土」。後來此寺和他所創立的傳承便依這地區的景觀而立名。

自從位於薩迦的偉大寺院創建後，「薩迦」之名便不脛而走，一聽就讓人聯想到此家族，甚至比原先的「昆」氏更廣爲人知。如今薩迦寺已被視爲偉大的金剛上師[11] 法座，長久以來也一直傳說榮耀的薩迦氏族成員在外相上很像尊貴的雪獅[12] 。

薩迦寺的創建者昆‧袞就‧傑布圓寂時，其子薩千還相當年幼，當時偉大的拔日譯師（Bari Lotsawa）因曾至印度學過多年梵文而備受崇敬，膺選爲法座的繼承者。於是教導、撫養薩千的重任便落在孩子的母親肩上。

薩千的母親是位聰穎、能幹又勇於創新的女性，了解她的兒子需要一位特別老師。因此指任拔日譯師擔任薩千的親教師，薩千因而得以留在薩迦繼續修學進階功課，也由於她的善巧引導，所以能在撫育薩千的這段期間發揮重要的影響。她曾代表薩千進行過許多佛行事業，因此人們認爲她值得受到最大崇敬，因爲她能勝任此一重責大任。

文殊師利不思議世襲法脈與薩迦初祖薩千

薩千‧貢噶‧寧波的生平到此進入昆氏家族史上的另一新頁，以下將述說這家族的成員如何贏得第三個殊勝稱號──「文殊師利不思議世襲法脈」（the miraculous hereditary lineage of Manjushri）。現在述說昆氏家族受文殊菩薩加持的故事。

拔日譯師被授予教育年幼座主的重任後，對薩千解釋當時的情況：

因為你是薩迦法脈的持有者，出身於一個備受加持的家族，和接受一般宗教教育的普通孩子不同。或許你繼承了家族的卓越天賦，出生時便才智過人，但聞、思、修對你而言仍相當重要。為了有效成辦此事，你必須展露非凡的才智。

或許你也承繼了過去世中增長的才智所帶來的利益，此世只要用功修學就能再獲得它們，但如果想在道途上修學有成，必須增長智慧。為了加強並提昇你的天賦，你應該修持智慧本尊，這非常重要。因此，雖然觀修本尊的種類繁多，你應依止的是智慧本尊，而且應當修持文殊菩薩法門。我建議你進行黃文殊 ⑬ 閉關。

於是拔日譯師授與薩千黃文殊五字真言灌頂，並要求這

位年僅十二歲的孩子獨自閉關。薩千遵照指示開始進行文殊菩薩閉關，前後至少有六個月的時間獨居禪修並禁語。就在這次閉關期間，他親見光華晃耀的文殊菩薩端坐於寶座，雙手持轉法輪印，以未來佛彌勒菩薩的傳統法相化現眼前，左右兩旁還有無盡意菩薩和智積菩薩⑭。

　　正當薩千持續禪修，並全神專注於文殊菩薩及另外兩尊菩薩的聖相中時，文殊菩薩突然對他道出後來傳誦千古的「遠離四種執著」四句偈法教。

> 若執著此生　　則非修行者
> 若執著世間　　則無出離心
> 若執己目的　　則失菩提心
> 若執取生起　　則非正知見

　　當時正精進於研讀般若部與各種經藏聖教的薩千領受這首偈頌後立即恍然大悟，明白其中融攝所有經教之法義，並了悟它含攝波羅蜜多乘⑮的所有法教，也知道其涵意非常深廣。

　　如理思惟後，薩千終於了解這四句教言的意義不僅包含經教的法義，還掌握佛陀顯經、密續教法之精髓，道出世尊三藏十二部教法的精華，而且這四種主題將以「遠離四種執著」之名闡釋、弘揚於天下。所以此一法教被視為口

耳教授之精要而備受尊崇，甚至成爲薩迦傳承所有修心法門的基礎。若能眞正了悟這首偈頌的法義，便能在道途上成就偉大的證悟。

薩千·貢噶·寧波因親見文殊菩薩淨相示現而被視爲文殊菩薩之化身，這便是昆氏家族第三個殊勝尊號「文殊師利不思議世襲法脈」的緣起。

白衣護法神

薩千的母親後來將他送到龍祐密（Rong Ngurmik）學院修學。龍祐密學院是所著名的佛學院，當時約有一萬名研習佛法義理的學僧。有一天，薩迦地區出現一位騎乘白馬的神秘使者，聲稱薩千得了天花，病情嚴重。眾所周知，薩迦派的主要護法是金剛幕和四面大黑天，根據傳承史上的記載，得知這位信使就是普巴金剛的白衣護法神（Kardud）之化身。這位神聖的使者說：「你們怎能讓他受如此病苦的折磨呢？爲何你們不去探視、照顧他呢？」

薩千的母親聽到這消息後非常憂傷，立刻和薩迦地區的鄉親父老趕往龍祐密學院探望他。當她看到病中的薩千時，淚水不禁奪眼眶而出。薩千自己也很苦惱，但他母親安慰他不必難過，就算他因病離開人世也了無遺憾，因爲他已充分利用寶貴的一生和一萬名僧眾同聞佛法，並未白白浪費難得的人身。薩千的母親總是能非常善巧地安慰、

鼓勵他，即使在他遭受重大的病苦打擊時。

掌中觀音

除了這些描述薩千後來被視爲文殊菩薩化身的事蹟外，
還有一些不可思議的跡象，讓人認爲他也是觀世音菩薩的
化身。

有位對薩千非常有信心的弟子，曾堅持除非薩千顯現觀
世音菩薩的某種徵相，否則就要自殺。慈悲的薩千不得已
只好以右手擦拭衣袍，然後向他展示手掌，當時這弟子看
見一隻眼睛清楚顯現在這隻手掌上。千手千眼觀世音菩薩
每隻手的手掌上都有隻眼睛，因此這跡象顯然能證明薩千
是觀世音菩薩的化身。薩千生平尚有許多這類不平凡的故
事，可以證明他是佛菩薩的化現。

第二祖索南・澤莫

薩千曾爲文殊菩薩親說的這首偈頌造過一部詳細的釋
論，後來這項法教傳給兩個兒子——薩迦五祖中的第二祖索
南・澤莫和第三祖札巴・堅贊。

薩千的長子索南・澤莫曾於桑布（Sangphu）的僧伽大學
修學，這所傑出的學校是西藏最早設立的僧伽大學之一。
他後來成爲一位傑出的學者，在西藏和印度頗負盛名，甚

至傳說當時在印度恆河以北無人不曉。

索南‧澤莫曾請求弟弟札巴‧堅贊留在家中，好讓他方便外出求學而無後顧之憂。於是札巴‧堅贊便留在薩迦，親近父親兼上師薩千，並擔任他的侍者，同時持續不斷地精進於聞、思、修教法。當索南‧澤莫成為學者時，札巴‧堅贊卻選擇了另一條修行道而成為隱修者。

第三祖札巴‧堅贊

札巴‧堅贊後來成為偉大的成就者，他能在誦經時讓金剛鈴、杵懸浮於半空中，或示現其他各種神通。由於勇猛不懈地精進禪修，後來也和他父親一樣親見文殊菩薩示現。由於有此因緣，所以他也顯現過許多成就後獲證的神通。曾有一次，札巴‧堅贊就從一群德高望重的金剛上師之中飛上天空，證明自己在修行上的成就超越他們。

札巴‧堅贊後來成為西藏真正最珍貴的佛教上師，他擁有偉大的親身體證，「遠離四種執著」的體驗只是其中之一，文殊菩薩曾親自對其父薩千宣說這首偈頌，札巴‧堅贊則將自己對它們的體證濃縮成一部精要的論頌以闡明其真義。這部闡釋「遠離四種執著」偈頌的證道論頌（*nyam yang*），即是我們即將在這一系列教授課程中闡釋的文本。

第四祖薩迦‧班智達

後來札巴‧堅贊將這些法教傳給其他弟子，其中最傑出的是其侄子薩迦‧班智達。薩迦第四祖薩迦‧班智達是不世出的西藏學者，精通五外明與五內明[16]，是舉世公認的文殊菩薩化身。

他曾在禪修時，親見伯父札巴‧堅贊化現為與文殊菩薩無二無別之淨相，他本人也是文殊菩薩的化身，他以札巴‧堅贊為禪修上師，精進不懈地修持上師相應法[17]而獲得加持，這也是他的聞、思、修三慧成就如此非凡的原因之一。

薩迦‧班智達的佛法著述深遠廣博，是首位論著被譯成印度語文的西藏學者，因此聞名於世。他是位傑出的學者，精通世、出世法各科領域，不僅受到西藏各界矚目，也吸引所有鄰國的目光，每位國王都希望薩迦‧班智達能成為其國師，其中一位是蒙古的闊端汗[18]。這位蒙古君王雖統領強大軍隊，但深受西藏的佛教行者吸引，他希望偉大的西藏上師能指導他修行，而薩迦‧班智達是當時西藏最受稱揚的上師，所以闊端汗迎請他前往中國弘法[19]。

有次在開示時，薩迦‧班智達舉了一例說明人身的珍貴，他說人身比烏龜的毛髮更殊勝難得。闊端汗聽了臣下的意見後，回答說他有個烏龜殼，上頭就長了一根好幾吋

長的毛髮。於是大臣們就向薩迦・班智達展示這個烏龜殼，想推翻他的比喻，讓其臉上無光。薩迦・班智達立刻解釋說那並非普通的烏龜，他說釋迦牟尼佛的本生故事中記載，佛陀的過去生中也曾有五百世轉世爲「不清淨」的眾生，這烏龜殼就是佛陀前世那隻烏龜身上的。他說這烏龜殼非常殊勝稀有，並向他們展示殼上的許多證悟記號，但他們卻無法辨識出來。他於是斥責他們，說他們像畜生一樣愚癡。

闊端汗難以接受這件事，決定試探薩迦・班智達的證量到底有多高。當時中國的幻術師非常擅長於騙人的幻象，那時皇宮北邊有個小湖泊，湖中有個島，可汗指示幻術師在島上弄出一個幻化的宮殿。他命令幻術師邀請薩迦・班智達進入這座宮殿，等他一進去就讓宮殿消失。

薩迦・班智達同意進入這座幻化的宮殿，但在踏上小島之前，他即席創作了一首灑淨偈，說道：「佛身恆加持，祥瑞降斯土……」持誦完後，他便對這地方加持灑淨，結果變出宮殿的幻術師竟無法使它消失，如今在中國西南部的甘肅省古城涼州，還可見到這座神奇宮殿的遺跡。[20]

薩迦・班智達晚年的大部分時光都在闊端汗的宮庭中傳法，因此無法返回西藏。弟子們不斷派遣信使請求他回去。他撰寫了一部《諸佛菩薩之聖道》（*The Noble Path of the*

Great Enlighten Ones）送到西藏，並告訴他們，即使他回去，所能傳給他們的法也不會比這本書的內容還多。他說自己年事已高，無法再作長途旅行回到西藏，不過他們應該修持特地爲他們編寫的這些教法。他完成這本最後的著作之後，圓寂於闊端汗位於涼州的皇宮中。

薩迦・班智達曾將「遠離四種執著」法教傳給弟子努巴・利津・札克（Nupa Rikzin Drak），也曾寫過一部論釋闡述這些教示。這些教法後來又繼續傳承給許多位傑出上師，後來成爲知名導師的至聖・索南・堅贊喇嘛（Lama Dampa Sonam Gyaltsen）便是其中一位，許多上師都曾是這位導師的座下弟子。

第五祖卻嘉・帕巴

薩迦五祖全部都是「遠離四種執著」法教的傳承祖師，第五祖是薩迦・班智達的侄子卻嘉・帕巴（Chogyal Phagpa，即八思巴），「帕巴」意指「聖人」。他曾受中國皇帝元世祖忽必烈之請，前往中國擔任國師。

八思巴在八歲時便已通曉《喜金剛本續》等甚深經典，年幼的他能迅速牢記這一類的法本，而且再多的教法也能作出非常詳細的清晰闡釋。爲了供養卻嘉・帕巴，酬謝其傳法，元世祖冊封他爲全西藏的政教領袖。此後歷代的中

國皇帝也承繼此一傳統，尊昆氏法脈後代爲「國師」。

法脈延續

桑波‧帕迎娶七位妻子

過了幾代之後，有一天，當時在位的中國皇帝詢問臣子們有關薩迦‧班智達家族血脈的現況，大臣們回答說它仍延續未斷，而當時薩迦的座主是偉大的怙主桑波‧帕（Zangpo Pal）。

這位皇帝由於感受到昆氏家族的血脈有中斷的危險，於是敕令桑波‧帕應迎娶七位妻子，以確保家族法脈能延續，傳承祖師的珍貴教法不致中斷。桑波‧帕遵照皇帝的指示娶了七位妻子後，生了十五位法王子，從此確保此一傳承日後的繁榮昌盛。

至聖喇嘛重振桑耶寺教法

桑波‧帕的長子——至聖‧索南‧堅贊喇嘛，在許多輝煌的瑞象中誕生，他是位非常虔誠的行者，但相當不情願接任昆氏族的家長，因爲覺得身爲出家比丘不應承擔這樣的責任，後來才勉強接下降臨在他身上的這項重任。最後他適時退休，並將世襲責任傳給弟弟們。

後來他回到桑耶寺進行更重要的閉關禪修。因為桑耶寺是西藏佛教的開創者蓮花生大士的聖座所在，所以他覺得應當留駐在那裡，重整、復興數百年前建立的法門和傳承，他晚年的大部分時光都投入於重振桑耶寺的教法，因此又被稱為「桑耶巴喇嘛」（Lama Samyepa）。他也是位相當知名的學者，當時的重要上師全部都是他的弟子。

至聖・索南・堅贊喇嘛有許多著名的弟子，他們在戒律、般若、中觀等各種佛法傳承及知見上都有卓越的成就。甚至連寧瑪傳承的一代大師龍欽・冉江 [21] 也是他的弟子。龍欽・冉江後來承繼至聖喇嘛開創的志業，肩負起振興桑耶寺教法的重任，並繼承了「桑耶巴喇嘛」的稱號。西藏佛教最偉大的上師全都是他的弟子，因此我們或許可將至聖喇嘛視為藏傳佛教不分教派運動的根源。不過「不分教派」一詞，是直到十九世紀蔣楊・欽哲・旺波那個時代時才開始使用。

近代圓滿成就者

近代於第十三世達賴喇嘛在位時，昆氏皇族的兩大法座圓滿宮（Phuntsog palace）和度母宮（Drolma palace），各出現一位已圓滿成就的偉大上師，他們因為修持本尊普巴金剛法門而證悟。

他們的下一代中有位就是薩迦崔津法王的父親，另外還有一位是他的叔父，他們都曾顯現法皿（顱骨碗）[22] 滿溢，或灌頂儀式的沙壇城中出現吉祥圖案之類的成就徵象。

札巴・堅贊的證道論頌

這些法教源遠流長，傳承至今，傳法給我的人則是我的根本上師——至聖仁波切旋遍・寧波，他和歷代傳承祖師一樣，也是位已成就的偉大上師。這些人只是「遠離四種執著」傳承史上的其中幾位上師，我們何其有幸，能有如此圓滿的因緣承繼這一支未曾間斷的口耳傳承法脈，領受已獲高度證悟的傳承祖師們，相續不絕傳給我們的這些珍貴教法和釋論。雖然我自己無法給你們什麼加持，但因為這些教言是已證悟的神聖祖師們所傳下的法，所以此一傳承本身就含有它想授與弟子的加持了。

不同法脈因各自的傳承背景而造就彼此之間殊異的特質。這些背景包括傳承祖師成就證悟的道途歷程，以及修持的特殊法門。身為傳承弟子，我們應增長自己對這一系法脈的信心，因此追本溯源了解這些法教的正法地位與傳承祖師的真實不虛相當重要。所以我們才會先花一點時間了解這支法脈的傳承歷史，並特別回顧幾位傳承祖師的偉大事蹟。

雖然「遠離四種執著」的論釋很多，但其中特別能爲行者帶來利益的，則是札巴・堅贊的釋頌，因爲它是親證的修行體驗。我們現在採用的根頌文本，則包含薩迦・班智達爲札巴・堅贊的論頌所作的注解。札巴・堅贊對這些教言作過深刻的禪修，而他所體驗到的證悟，全都自然地眞誠流露於這部論頌的字裡行間。札巴・堅贊的詮釋是一種修行體驗的頌歌，其論頌就如偉大的瑜伽士密勒日巴筆下的作品，因爲它也是源自於實修所獲致的親身體證。

密勒日巴和其弟子對答時常以唱誦的方式來傳達他對慈悲、空性、心性的甚深領悟，他的頌歌是最偉大的加持，後來甚至成爲文學作品，啓迪無數佛道上的行者。札巴・堅贊和他有許多相似的證悟，也同樣將證悟以頌歌的形式留傳後世，使它們成爲一套套的修行指引。

據說密勒日巴的頌歌（如《十萬頌》），都是在甚深禪定中自然生起的體證，它們都是渾然天成的證道頌歌，無須爲其內容搜索枯腸，因爲那是他修行開悟而自然流露的智慧語錄。這部札巴・堅贊的論頌也是毫無造作的實修體驗，他因禪修文殊菩薩這四句頌文而獲得這些體證，並於後來應某位弟子之請寫下這部法要。能聽聞偉大的瑜伽士親撰的證道論頌，實在讓人雀躍不已。

札巴・堅贊以最大的恭敬心保存「遠離四種執著」法

教，他透過禪修而得到廣大甚深的證悟，並爲這首文殊菩薩親撰的偈頌造了第一部文字釋頌。努巴・利津・札克、薩迦・班智達、哦千・貢噶・桑波、果蘭巴・索南・森給㉓與其他許多傳承祖師也曾爲這四句頌文作過釋論。哦千的侄子也曾依據札巴・堅贊的論頌和薩迦・班智達的注解，爲「遠離四種執著」寫過一部深廣的論釋。

傳授這些教法時，一般是採用薩迦・班智達的注解本，以七天的時間，精心闡述其內容。由於我們的時間並不很多，因此我將依據札巴・堅贊的論頌，傳授這些法教。因爲札巴・堅贊是一位已證悟的偉大行者，所以其表述簡單、直接，而且切中要旨。雖然他的證道論頌相當簡潔，卻包含這四句頌文中隱含的所有要義。

注釋

① 上座部：佛陀入滅之後的三、四百年之間，由於佛教內部意見不同，而分成兩大派系，年長而保守的一派稱爲「上座部」，年輕而新進的一派稱「大眾部」，後來上座部向南傳至錫蘭，多以印度方言巴利語記錄經典。大眾部則向北傳，雖未直接產生大乘佛教，但大乘佛教卻產生於大眾部盛行的區域。

② 本尊相應（deity yoga）：行者將自己觀成本尊，讓自己可證得道果的方便。首先觀空性，然後以證空性的心，作爲生起佛的基礎，智慧心以佛的形相顯現。透過此法的修習，行者同時就圓成智慧和福德二資糧。

③ 真言（mantra）：以字語或種子字組成的段句，與特定的觀修本尊有關，持誦本尊的心咒是密乘觀修的主要修持。

④ 噶舉派：藏傳佛教主要宗派之一。「噶舉」意爲口傳，此派特別著重密法的修習，而密法又全靠師長口授而得名。十一世紀時，由瑪爾巴傳與密勒日巴，因兩人修

法時皆穿白布裙，亦稱為「白教」。強調瑜伽苦修，以證得「大手印」為圓滿。

⑤ 岡波巴（Gampopa, 1079-1153）：噶舉派祖師之一，密勒日巴的主要心子，噶舉派的四大支派便是由其所傳出。

⑥ 道次第（lamrim）：又稱「三士道次第」或「菩提道次第」。但現在多半專指宗喀巴大師的《菩提道次第廣論》一書。

⑦ 滿欲牛：佛經中提到，人類最初是從光音天而來，本無須任何固體食物維生，但後因造惡業，開始需要固體食物的滋養。那時北俱盧洲有自生稻可為食，西牛賀洲有滿欲牛，可飲其乳，是眾生用之不竭的滋養品。最後當這些消失後，眾生就必須辛勤工作，以生產食物。

⑧ 舊譯時期：蓮花生大士指導各上百位的印度班智達與西藏譯師，將佛經與印度論典譯成藏文，史稱「前譯」或「舊譯」時期。而這段時期豐富的精神傳承便被稱為「舊譯派」或「寧瑪派」。而由大譯師仁千‧桑波（Rinchen Sangpo, 957-1055）所帶領的第二波譯經風潮，其後出現的各種傳承則稱為「新譯派」。

⑨ 西元七七九年，蓮花生大士於西藏建桑耶寺，西藏貴族子弟寶護、智王護、寶王護、善逝護、遍照護、龍王護、天王護等七人首先剃度出家為僧，史稱「七覺士」。

⑩ 真實意黑嚕嘎（Yandag Heruka）：大瑜伽修部八大黑嚕嘎之一。八大黑嚕嘎是文武百尊的根本，分別代表世間法的身、口、意、功德、事業，和出世間法的召遣非人、猛咒詛詈、供贊世神，真實意黑嚕嘎即代表其中之「意」。

⑪ 金剛上師（vajradhara）：即密教上師。藏傳佛教對具有高德勝行、堪為世人軌範者的尊稱，又稱為「喇嘛」（bla-ma）。相當於梵語 guru，意指師匠、師範，為古代印度人或一般修行者對其師的尊稱。

⑫ 雪獅：是西藏國寶級的動物，被認為是萬獸之王，頗受藏人敬重。雪獅的行跡飄忽，因此看到雪獅被認為是吉祥的徵兆。

⑬ 黃文殊（Orange Manjushri）：五文殊之一，是占星學與醫藥的主要守護本尊，也是四界中水界的化身。

⑭ 無盡意菩薩和智積菩薩：無盡意菩薩因發願上求諸佛無盡功德，下度無盡眾生，故稱「無盡意」；智積菩薩又稱「辯積菩薩」，因其智體含攝萬智，故稱「智積」。一般將此兩大菩薩與文殊菩薩視為同尊菩薩。

⑮ 波羅蜜多乘（paramitayana）：即大乘顯教，又稱「經乘」，與金剛乘同屬大乘系統。大乘顯教乃於生死輪迴中，廣行六度萬行利益眾生，並依此菩薩道，逐次證得諸地菩薩果位，最後成就究竟佛果。

⑯ 五外明與五內明：五外明是指詩、詞、韻、戲曲、曆算；五內明是指聲明、因

明、工巧明、醫方明與內明。

⑰ 上師相應法：或稱「與上師的自性雙運」，行者向一位真正的上師祈願，並表達深切不變的虔誠信心，行者的心由於此信心，而與上師的心合而為一。這種修持能令本初智慧於剎那間生起。

⑱ 闊端汗（Koden）：成吉思汗之孫、元太祖窩闊臺之子，當時蒙古族軍事力量正在中國北方崛起，闊端鎮守涼州。據傳薩迦・班智達曾治好他的病，因此他非常信服薩迦・班智達。

⑲ 一二四七年，六十三歲的薩迦・班智達應闊端汗的邀請，帶著兩個姪子──十歲的八思巴和六歲的恰那多傑前往涼州。他就西藏歸屬問題與闊端汗達成協議，議妥衛藏歸順元朝的條件，並由他向西藏寫了著名的《致西藏僧俗的書信》。一二五一年，他圓寂於涼州，八思巴繼承其位。

⑳ 薩迦・班智達與闊端汗達成協議後，闊端汗重修白塔寺供他居住，他將其改建為薩迦派寺院，稱為「東部幻化寺」，至清代仍習稱「白塔寺」。一九二七年白塔寺毀於大地震，「文化大革命」時又遭拆除破壞，現僅存基座與台基部分。

㉑ 龍欽・冉江（Longchen Rabjam, 1308-1364）：即龍欽巴。被尊稱為繼蓮花生大士之後的「第二佛」，是寧瑪派的法王，深受藏傳佛教四大派的尊崇。其著作集各派大成，一生大約有二百五十部作品，其中最重要的就是《龍欽七寶藏》（*mdzod-bdun*），這是寧瑪派最高心法大圓滿法的重要傳承依據。

㉒ 法皿（kapala）：即「嘎巴拉」，一般以成就者的顱骨作成的容器。

㉓ 果蘭巴・索南・森給（Gorampa Sonam Senge）：薩迦派哦寺第六任住持，也是薩迦傳承史上的博學導師與辯經大師。

第 2 章

祈請文與造論目的

札巴‧堅贊的珍貴教言

傳統上將教法傳授的方式分為三種。第一種是地位崇高之行者的開示，如尊貴的薩迦‧崔津法王，位居崇高法座且有相當成就，能精闢流暢地闡明法義。

第二種開示佛法的方式，則是學院式的傳授與研討。授業師不僅會探討相關課題，也會從經教以及諸成就大師的後期論典，旁徵博引各方注疏來論證法義。

教法的第三種開示方式，則展現了透過實修而成就的親身證悟。至尊札巴‧堅贊著述的典籍和其真心流露的論頌便屬於這一類。它們都是出自個人的深刻內證，其中一例便是在思惟文殊菩薩這四句頌文時所獲致的親身體驗，在他的論疏中我們嗅不到學者的學術式筆調，其語調完全出於實際體證，他的教言直接源自個人的證悟經驗，而非學術作品。札巴‧堅贊因自身對這四句頌文的體證而於此教法所獲致的非凡定解與信心，使它們有強力的依歸，日後成為授業師詳細闡述這些教法時採用的根本偈頌。

所以地位尊崇的博學導師日後能根據此四句頌文來授課，以一整個星期的時間，清晰有力地解說顯經與密續的法義。哦千‧貢噶‧桑波和其傳人創立此四句頌文的闡釋傳統，一次課程最多可長達一週。這首偈頌的架構，成為

傳揚佛法一切根本法義的法門之一。因此，我們便能理
解，這些偈頌後來會被學者和已成就的修行者採用，而作
爲根本論頌的原因。

札巴・堅贊的論典有相當卓越的實用性，因爲它眞的具
備能讓行者的心逐漸證悟的力量，行者能因爲講述、聽
聞、修學它的內容而獲致證悟。因此我們將以他的珍貴教
言來領悟文殊菩薩這首偈頌的意涵。

祈請文

上師本尊慈悲海會眾
我今至誠皈依祈加持

至尊札巴・堅贊的論頌以兩句頌文開頭。第一句是禮敬
祈請文，另一句誓言完成論頌來闡明文殊菩薩四句頌文的
法義。開頭的兩句頌文之後是此教法的本文，最後以功德
回向結束論頌，札巴・堅贊以此方式將論頌分成四個部分。

在第一行，他禮敬大慈的根本上師和大悲的本尊，前者
代表善知識，後者代表所觀想的密續本尊。爲了能圓滿地
分享自己的證悟，札巴・堅贊祈請上師、本尊、三寶的加
持。他至誠皈依禮敬並祈請上師與本尊加持，祈使他的心
淨化，所接受的一切加持都能明確無礙地闡揚於這部論

典。這是爲了確信所分享的體證內容豐富，而且能饒益眾生。

佛法論典的作者一定會以禮敬偉大的上師開頭，這是種確立的傳統。薩迦‧班智達曾在他所著的典籍中提到，正法論典若未使用一整首偈頌，至少也要以一行文字禮敬作者的授業上師。這是爲了彰顯論典的內容並非作者本人的成就，而是因爲有傳承祖師的加持才得以圓滿。

造論目的

非法之行無益法應行
離四執著法義善諦聽

至此，作者完成祈請與闡述法義的發願。

祈請文之後是第二句偈頌，敘述作者造此部論頌的目的。札巴‧堅贊在偈頌中發願供養此一教法，他說執著與佛法不相應的行爲對我們毫無利益。

爲了奉行與法相應的行持，我們應仔細聆聽和「遠離四種執著」有關的法義。

這是文殊菩薩第一句頌文的前文，告訴我們莫執著此生的世俗瑣務。札巴‧堅贊以唱誦的方式，說明在論頌中闡

明的教法只適合發願要與正法相應的佛子。他指出，這部論典絕對不適合鑽營與佛法相違之行止的眾生。

這一段教示的意旨是說，為了不退轉於佛法的修行道，無論是聞、思、修或教法的開演，自身的行持都應完全契合並彰顯佛法的精神，這是不可或缺的先決條件。將生命浪擲在和法教牴觸的行為上，違背了教法的真正精神。

任何人若想修持正法，就非常需要聽聞、理解文殊菩薩宣說的這些法教，即如何讓自己遠離此四種執著，或從這四種執著中解脫。實修行者可依循這些教法，它們將協助他們在修行道上一路前進。忠實於佛法的精神，意味著不因文殊菩薩所告誡的這四種執著而退墮。

札巴・堅贊說，為了在佛道上如法修行，我們應聽聞並領悟這些法義。他要求我們在聽聞這部體證的論頌時保持真實的正念與正知 ①。想在修行道上避免多重障難的人，需要聆聽並深切留意「遠離四種執著」的意義。這些話可能是札巴・堅贊特別對他的重要弟子噶・釋迦・札克（Kar Shakya Drak）所說，一般咸認這部論頌也是由他所祈請。

因此，札巴・堅贊這部論頌的頭兩行是祈求加持的祈請文，次兩行則是造論典的願心。這種體裁遵循佛教論師的傳統，即絕對不會忘記在任何論著的開頭加上一段祈請文，而且在它之後總是接著一段宣示，敘述造論的目的。

若要對即將開演的這項教法的法義作概括性的敘述，我們可以說，遠離四種執著或讓自己從這四種執著中解脫，意指不貪著此生的幸福安樂，這表示要讓自己從世俗生活的執著解脫，並遠離對自私目的的執著。從究竟義而言，這表示不再執取某種見解或固守個人認為是「究竟真理」而深信不移的死教條。

注釋

① 正念與正知：正念是將心穩定地繫在所緣上，清楚、專注地覺察實際發生於身上、身內的事，是八正道的第七支。正知即清楚覺知，通常與正念同時生起。

若執著此生　　則非修行者

若執著世間　　則無出離心

若執己目的　　不具菩提心

若執取生起　　即非正見地

第 3 章

執著此生

若執著此生　則非修行者

持戒、聞思與禪修

一不執此生　持戒聞思修
若為此生利　非法應斷捨

文殊菩薩首先宣說執著於此生的人，並不是真正的修行者。若要在修行道上成為真正的行者，就不能太執著這一世。

至尊札巴‧堅贊的論頌並未詳盡闡釋文殊菩薩的教言，而是以稱為「實用指引」（mar tri）的開示方式，非常扼要地陳述此事。

這種開示風格很類似當你在學習閱讀時，老師一字字小心翼翼、慢慢地引導你，並指出每個音節。

札巴‧堅贊說他的功課將是簡明地開示這些法要，亦即修行所不可或缺的關鍵要義。他的教言切中要旨，無誤地找出為證得聖果而必須「按下」的「施壓點」。

一不執此生　持戒聞思修

關於文殊菩薩的第一句頌文，札巴‧堅贊所要傳達的法義，基本上是受到印度班智達世親在《阿毗達磨俱舍論》（*Abhidharmakosha*）中的兩句名言 ① 所啓發，所要闡釋的也是這兩句話。世親囑咐我們，爲了更深入修行，必須嚴持戒律並思惟教法。他說在修行過程中，應先嚴持戒行，然後再於聞、思上用功，直到對教法的眞諦有一定程度的信解。以此方式對教法的領悟紮下根基後，這些認知還需透過禪修加以應用，以增長自己的眞實體驗。我們將詳細檢視持戒、聞思、禪修這三道進程。

薩迦傳承在傳授教法時，喜歡反覆解說，因爲這樣能使我們發現教理的新意義和深層法義，在接受教法之後，可在家中自行思惟、禪修。第二天重複教授內容，並進行更進一步的解說時，就有事半功倍之效，教法的傳承也會因而更加圓滿。所以，我們將一次次再三講解這些法教的要義。

首先，要審思遠離對此生安樂之執著的意義。倘若我們執著此生的目的，那麼持戒、聞思、禪修或任何佛法修行都將成爲有漏法。修行也會因如此的污染，而無法造就能讓我們成爲具格的眞正行者之因。相反地，未受此生牽絆，也不執著於此生，而能如理地聞、思、修的佛子，必

定是與佛法的真正精神相應的修行者。

　　持戒、聞思、禪修三種修學的修持態度可分成兩大類，一種是真正的老實修行，另一種則是虛有其表的不實修行。這三項功課的修持是否如法，取決於我們是否只是為了此生的安樂。

若為此生利　非法應斷捨

　　就理想上而言，這三種功課應同時修持，因聞思和禪修的功德會藉由嚴持戒律而自然增長，因為有戒律為根基，而如逐漸滿盈的月亮般開花結果。因此《阿毘達磨俱舍論》說，有戒行的基礎，才有足夠的資糧如法進入聞思、實修的次第。

　　為了澄清所有的疑惑和問題，你必須檢驗、分析、思惟所聽聞、研習的任何教理，從聽聞和思惟所領悟到的深度信解，將會深留在你心中，而為日後更上層樓的證悟奠下紮實的根基。主要的疑惑和問題全部得到圓滿的解答後，你必須依循禪修法門繼續精進用功，以加深對法義的領悟。

　　聞法之後的研習與思惟相當重要，但只有實地禪修，這兩樣功課才會有所進展。因此，持戒、聞思與禪修三種修持的重要性都不能低估。若修行時對此生毫無執著，會帶

來很大的利益，否則若一方面追逐世間法的滿足，無法獲得真正修行者所能得到的利益。因此，若你們能在持戒、聞思、禪修時，斷除所有不實的態度，那是再好不過了。

假使我們只對此生的安樂感興趣，或只想在別人的面前表現得像大修行人，那麼不論聞思或禪修，一切都只不過是造作的虛假行為。

事實上，這樣的行為完全與修學佛法的目的背道而馳。若它們無法帶來真正利益，為何還要如此白費力氣呢？不用花如此大的工夫豈不是更好？相反地，發心正確的聞思慧必定能驅散心中的無明，而如法地禪修也定能使我們的心靈有更深的證悟。

因為有此思量，所以札巴‧堅贊首先強調，辨明持戒、聞思、禪修的修持是否如法的重要性，因為此三者易受到執著此生的左右。他問我們：「若說執著此生目的即不能稱為修行人，是真實不虛的，那麼如何才能不受這些執著牽絆而在佛法上繼續精進？」

札巴‧堅贊說，了解這件事之前，必須明白不論修持何種法門都有兩種可能：修行可能是真實而與法相應的修持，否則就是虛偽的造作。必須先分辨兩者的差異，才會知道什麼是該持守的修持或該斷捨的行徑。

據說人若因執著而持戒、聞、思、修，這些努力到頭來

只會成為累積得、失、毀、譽、稱、譏、苦、樂八種世間法（八風）之因。

持戒

> 戒行為第一
> 往生善趣根
> 證悟解脫梯
> 離苦之良方
>
> 證得解脫法　無戒不成辦
> 執此生持戒　八風為其根
> 謗下嫉正誠　偽善持戒行
> 墮落惡趣因　虛詐應斷捨

戒行為第一

現在我們要更深入探討真誠持戒的問題。

人縱使誓言持守戒律，也不應將戒行當作莊嚴自身的手段。持戒的目的並非為了此生的需求，或打知名度、得好名聲，或為建立聲譽讓人依止。摻雜這種淺薄考量的佛法修學，必定是不真實的虛假造作。

若因世間八法而煩惱，修行也會隨之受害。有些跡象可

用來判別我們是否以不真實的心態持戒。例如，有時我們會注意「犯戒者」，認為他們不及我們的標準，或嫉妒戒行比自己完美的行者，自己的修行因而成為貢高我慢之因。

戒律有如雙足，必須強健有力才能在法道上披荊斬棘一路前進，並積聚所有必備功德。若因墮落的行止而缺乏這種力量，將如雙腳不健全的人，為了到達目的地千辛萬苦無望地掙扎，尚且不知最後是否能抵達！所以，我們必須持戒防止自己受到八世間法的染污，札巴‧堅贊並要求聞法者須分辨清淨和染污的戒行。

佛教修行者的戒律包括皈依戒、沙彌戒、具足戒 ② 三種一般的戒。已受皈依戒的佛教徒應持守在家五戒；沙彌和沙彌尼也應持守這五戒，以及由五戒擴充而成的十戒；受過具足戒的比丘則必須持守兩百五十三條戒。

往生善趣根

無論我們是在家眾或受戒比丘，持守何種戒律來約束身、口、意有害的不善業，若能毫不偽善、不虛假地持戒，都將成為獲得現世或究竟安樂的因。戒律能帶來此世的安樂，也能使我們來世投生善趣，並且會種下解脫輪迴的種子，不過，持戒時絕不應有任何八世間法的考量。與法教相應而嚴持戒律的人，將會因此得到廣大的利益，持

戒的正面價值巨大，無可限量。

例如，持守在家（優婆塞）十戒、沙彌尼三十六戒、兩百五十三條比丘具足戒或任何戒律的動機，都不應是出於對此生的執著，如為得到名氣、聲譽、地位、自我讚歎的特殊頭銜，或任何用來增加自己重要性的事物等，這相當重要。佛法教導我們不可執著此生塵務，若為獲取世俗財物以謀得此生安樂而持戒，即違背此精神。

證悟解脫梯

要證得解脫，必須完全約束自己不造作身、口、意的邪行，並努力行善。若能在身、口、意的十善業上用功，這些善業將成為安樂的生因，來世是否能得人身，也完全看此世所累積的善業而定。

十善業是戒行的根基，它們會因不造作十惡業而自然生起。不造作：（一）殺生、（二）偷盜、（三）邪淫，可生起身三善業；不造作：（四）妄語、（五）兩舌、（六）惡口、（七）綺語，可生起口四善業；不造作：（八）貪、（九）瞋、（十）癡，則可生起意三善業。

除了不可造作十惡業之外，當然還應積極累積善業，例如非但不殺生，而且還放生；非但不偷盜，而且還布施等。所有布施、忍辱、持戒等善行，都將成為感召安樂果報的

善業。若此生能確實持守與十善業有關的戒律，它們將成為幫助我們登上解脫王城的階梯。因此，善業是修行道上不可或缺的必要助緣。

離苦之良方

清淨的戒行意味著戒律的持守能與傳承的教示相應，而真正的戒行是指殊勝的菩提心，發願爲饒益一切有情而持戒，直至成佛。

真實持戒能帶來安慰的良方，能真正撫慰我們，使我們平靜，並讓止息一切煩惱痛苦成爲可能。戒行可以撫平痛苦，也能賦予我們若無戒行便將匱乏的力量——信心、依止、自律，這是嚴持戒律之所以如此重要的原因。

若如法修持戒律和善業，不但能成爲對治此生所有痛苦與不幸的良方，也能保證未來投生善道。它能直接引導我們證得「聲聞」③ 和「辟支佛」④ 的涅槃果位，甚至進而證得究竟的佛果。

同樣地，大乘的菩提心也是建立在清淨的戒行基礎上。事實上，假使沒有這樣的戒行根基，我們就無法在通往證悟的道途上有任何真正穩定的進展，而有戒律根基的行者在修行道上則進步神速。

無論日後修持的是哪些法門，也不論遵循的是在家眾或

受具足戒的出家人應有的律儀，修持的成功與否，完全要看修行者的善業基礎有多穩固。行者須有如此的根基，往後一切的聞思和實修才會有眞正的進展。這樣的資糧能使我們如沃土般，讓聞、思、修的種子得以發芽茁壯。

證得解脫法　無戒不成辦

若無這樣的基礎，不論何種聞思或修持都將成爲造作的表面功夫，永遠也不會結出證悟或菩提的聖果。至尊札巴‧堅贊說，假使無善業資糧，倒不如連所有的聞、思、修都免了。他問道：「虛僞造作的佛法修行都省了，豈不是更好？」

爲何札巴‧堅贊會如此說呢？若未如法持戒，那麼連投生爲天人或得到寶貴人身都不可能，因爲往生這些善趣的主因是我們對自己行爲的自律。慷慨布施只能確保來世會擁有豐富資財，卻無法保證一定能再度得到人身或轉生爲天人。人可能會因爲過去世修行布施度卻未持戒，投生爲猴子之類的動物，四周堆滿金銀財寶。單只慷慨布施或許可使人成爲森林中的猴子，享受巨大的財富，但若無戒律之善業配合，大概也只能永遠在原地踏步。

這例子讓我們了解，若無持戒，其他五波羅蜜 ⑤ 也無法保證我們能往生善趣。戒律的修持不可或缺，因爲只有往

生善趣或投生爲人，才可能證得解脫，所以說清淨的戒行是離苦的良方和通往解脫的階梯。

因此，札巴・堅贊告訴我們，無論只是爲了在輪迴中求得世間成就，或爲了證得出世間的功德與究竟解脫，持戒都是修行不可或缺的必備功課。若能清淨而眞實地持戒，即使只是以在家之身持守五戒或十戒，也將成爲往生善道必要的根本因。

此世所累積的善業或功德，是來世再度獲得寶貴人身不可或缺的善因。這表示我們此世能獲得寶貴的人身，是前世持戒直接感召的業果。所以，此生若能戒除十惡業，可保證來世的生處有助於覺悟的追尋。

執此生持戒　八風爲其根

然而，由於對戒律的價值觀不同，持戒的心態可能也有差別，有些修行者可能會一面持戒，一面相當執著此生，想求取榮譽和別人的稱讚、恭敬等，想在此生得到一些暫時的利益。這種雜染世俗動機與營求的戒行，就是不清淨的戒行。

不清淨的戒行在行者的經驗中如何運作呢？由於不當的發心與受誤導的意圖，所以受世間八法所煩惱的人只能持守部分戒律。這使他們行止墮落，且喜歡評判別人、吹毛求疵，甚至嫉妒他人的律儀修持。

謗下嫉正誠　偽善持戒行

有許多很好的例子，可幫助我們辨識這類問題。有人也許會持守某種戒律卻同時如此毀謗：「哦！那些人是持戒沒錯，但並未好好持守，他們必定已讓自己失望了。不過，我的戒行卻能成為真正的榜樣。」以貶抑來挑剔別人的過失，同時千方百計稱揚自己，就是戒行有所雜染或不清淨的一個好例子。

有時我們可能會一直注意被認為較差的「犯戒者」，或嫉妒持戒清淨的修行者，這類心態也會顯露自己戒行不清淨。我們可能會忍不住而尖酸地說：「哦！也許他從未破戒，不過他卻未好好地在聞思或修行上用功。」

虛假造作的持戒者也可能會非常嫉妒持戒精嚴的其他行者，這是更極端的例子。他們可能會說，「哦！他（她）看來似乎持戒精嚴，不過……」便開始列舉那人貪欲之類的過失，持續地毀謗他（她）。即使受批評者的戒行非常令人讚歎，虛偽的修行者也會發現自己無法忍受那位可敬的行者，而忍不住想從他身上找出過失。

更劣質的態度是，只注意別人持戒的一些小過失，然後就緊盯著不放，甚至當著其他人面前加以嘲諷。他們會搬弄是非，試圖讓可能會恭敬這位持戒精嚴者的人心生疑惑。虛假持戒者總是會尋找藉口來貶低別人，找出某些東

西來批評，他們關心的是批判別人的戒行，而非守護自己的律儀。這樣的人永遠無法發現能激勵自己向善的善友，卻始終有辦法找到能加以毀謗的人。這些都是不清淨的戒行所導致的各種過患，我們必須盡力避免。

到目前為止，所提過的這類心態，都是因為想批判真實持戒者而生起。非但如此，執著此生的虛假持戒者，顯然也會嚴厲看待未持戒者。這種人會吹毛求疵，傲慢地對待只犯一些小過錯的人，且總是喜歡非難惡業深重者，永遠不想了解、寬恕那些人，因為自己的戒行其實只是為求得此生的安樂、利養和他人的恭敬。假使我們的戒行缺少清淨的發心和動機，就有可能生起這些毀他的心態。

若動機不清淨，持戒時可能還會遇到某些過患，我們可以再舉一些例子。例如，持戒者在修行時，因偽善而遇到重大障礙，這是另一種非常普遍的過患，它同樣會使不清淨的戒行露出馬腳。有時人們會因他人在場而持戒清淨，但是一旦身旁無人，便置戒律於不顧而開始為所欲為，這種偽善的例子我們可能都很熟悉。持戒不清淨者即使並未真的持戒，在他人面前也會故意顯示善行，因為他們在意的是他人的觀感，以及自己在別人面前的形象。這也是不真實的修行，因為它完全受到世間八法所左右。

例如，偽善的持戒者在他人面前或許中規中矩、滴酒不

沾；但無人在場時，他可能就會狂飲不止。或者，受過戒的人也許會說：「哦！我一向過午不食。」但每當四下無人，就日夜吃喝個不停。只爲世間利益而持戒的人，就會如此累積許多僞善的惡業。事實上，這樣的「戒律」不僅無法成爲解脫因，反而會成爲墮入惡道的因。只有當戒行眞實清淨而毫無僞善的雜染時，它才可能成爲安樂與證得諸地果位的因。

事實上，大多數人的持戒，都受到這類的虛假和僞善所障礙，換言之，其實我們關注的可能是此世的安樂，所以不斷追逐個人的名聞、利養、榮譽和他人的恭敬等。但無論我們外表如何正直，只要陷入八風的泥沼，就永遠不可能解脫。僞善的戒行，到頭來只會造下墮落惡道的惡因，因此我們無論如何都要避免造下這種惡業。出於世俗的動機而持戒，就如掉入坑洞一般。了解這些教示對我們非常有益。

我們還可從更進一步的角度思量這問題。假使我們利用嚴守戒律，作爲博取恭敬、榮譽、好名聲以及此生個人安樂的手段，萬一事與願違，戒律的修持必定會隨之受害。因爲當人失去榮譽、名聲或其他可意之境時，其眞正的動機和個性，可能就會立刻顯露無遺。

無論修持何種法門，若所言所行都和世間八法相應或受

其左右，倒不如儘快捨棄它，因爲它有害無益。相反地，若所有修持皆與正法相應，就應不計一切代價加以守護。真正的戒行與善行，必須毫無八世間法的雜染，既然僞善無法達成任何有益的目標，拋開僞善的面具不是比較好嗎？所以至尊札巴·堅贊告訴我們定要摒棄僞善，因爲它所依循的唯一「法」是八世間法。

墮落惡趣因　虛詐應斷捨

人若嫉妒比自己正直的修行者，或毫不同情無法圓滿持戒的人，自己的戒行卻又充滿欺騙和僞善，這樣的行爲對自己有什麼用？乾脆捨棄虛假做作，豈不是更好嗎？虛僞的戒行易使人批判、毀謗他人，而如此的惡業將來必會感召不安樂之惡果。假使發現自己有這種僞善，請趕緊將它捨棄！札巴·堅贊陳述捨棄虛假戒行的重要，因爲僞善不僅會成爲來世投生惡道的因，也會成爲此世受苦之因。事實上，虛僞持戒只會爲這一生的煩惱痛苦搧風點火。

但也並非只有真實清淨的戒行與造作的戒行之間存在著差異，戒行還可以分成好幾種，如身淨戒、言淨戒、意淨戒等，也有真誠與虛假之分。若想熟練地判別外在的行爲和內在的心態是否合乎律儀，必須檢視持戒者的態度是否與戒律的真正精神相違。

那麼要如何才能知道呢？有些例子或許可給我們一點概念，讓我們知道應查看哪些地方。例如，若想持守身淨戒，那麼就算最微細處，也應嚴守自己的身行律儀。同樣地，上師在言淨戒方面的要求或指示，即使非常簡短也不可忽略。若不將之當作一回事，也許就會認為它們只不過是不重要的小事，無關緊要；即使違背上師的心意，大概也無妨。若有人如此對自己說，即犯言淨戒。不小心謹慎依律儀行事者，不會將小事當作一回事，最後必將因漫不經心而累積許多惡果。

　　著名的伊銂羅（Ellapatra）的故事可作為最佳印證。伊銂羅是隻龍，牠有一世曾是佛陀的弟子，同時也是受戒的佛教比丘。佛住世時，由於種種因緣，曾因時、因地陸續增制許多規範比丘律儀的戒律，其中有一條是受具足戒的比丘不可將樹木或草連根拔起。

　　當時伊銂羅比丘批評佛陀：「這只不過是件小事，他管那麼多作什麼呢？」於是不顧佛陀的指示，將樹連根拔起。後來，他投生為一隻頭頂長了一棵大樹的龍。每當有風暴或大風吹襲這棵樹時，龍的腦部和五臟六腑便如天旋地轉般，翻騰欲裂。

　　這比丘因說了一句：「我們可以別管佛所說的這項規定，因為它只不過是件微不足道的小事罷了。」而造下口業，最

後感召可怕的果報。這故事說明想持戒者必須真誠且小心謹慎，為了與當初制戒時的用心、精神相應，即使是小事也必須對得起自己的心，並嚴守律儀。

想證得菩提果位，除了持戒，還必須具足聞、思、修。然而，為了有所成效，這些修持也必須出於清淨心。聞、思、修的修持和持戒相同，可能是真實或不真實的造作。札巴‧堅贊再度指出，不論修何種法門，若總是執著此生，始終無法放下，那麼最好還是乾脆捨棄修持，因如此修持不會帶來法本身的任何利益，只會傷害我們。相反地，我們應依三學所教導的修行傳統，如法修持。

就「聽聞」或研習而言，我們必須知道如何如法地聽聞，這並非只為顯示自己的學識有多豐富，而是為調伏自己對知識的執取和貪著。教法的思惟也非為了讓別人留下深刻印象，而是為了和傳承的教理相應，以增長自己內心對法的領悟。同樣地，禪修者也絕對不可為了外相而作秀。

聞、思、修如同持戒，必須盡己所能清淨地修持，同時避免不清淨或不實的修持。我們也應明瞭三者的修持如何是清淨或不清淨，才能如法地修行而避免雜染，否則世間八法就可能摻雜其中。

足以說明這些的共通事例是相同的，只要有人精進於三者中的任何一項，且修持得很好，就會有人開始嫉妒，想

和他們競爭，也會有人蜚短流長，數落其他不用功或做得並不好的人。他可能會說：「哦！他們並未真的很用功聞、思、修，如此怎麼可能開悟呢？」有如此言行的人在修持時，也必然會滋生許多過患。

這種人容易產生何種過患？較易觀察到的是，他們在聽聞或研習時，心總是會被某件事物干擾。當思惟時，他們的心會因外在微細的噪音或其他因素而散亂；當禪修時，心也會忘失所緣或失去專注，似乎老在其他地方不斷打轉。這都是因聞、思、修的修持不清淨或受到染污所導致的散亂。

我們再次發現，當聞、思、修時，也會生起持戒時可能出現的不當心態。我們可能會嫉妒在聞、思、修有成就的人，又瞧不起修學並不好的人，若心態如此，那麼不論在其中任何一項上多麼用功，還是會發現自己總是因塵世的紛擾而散亂不已。這種跡象表示修行已受到污染，陷入受八風擺佈的陷阱，而且失去揀別真實與不真實之修行的能力。

聞思

聞思之行者
具足法資糧
驅散無明燈

正道引有情

法身成就種

聞思之行者　具足法資糧

深入探討如法與不如法的戒行後，現在要從佛法的研習
修學上切入，詳細檢視相同的教理。

這項功課傳統上稱爲「聽聞」，我們應如理聽聞佛法，而
且是爲了偉大崇高的目的，不但未因執著此生的安樂與聲
譽而受到污染，還發願要從此執著中解脫。若能以這種方
式如理聽聞、思惟，此一修學過程將成爲獲取輝煌法財的
善巧法門，而修學者也將從學得的知識中得到眞正的滿足。

驅散無明燈

發心正確而如理聽聞的修學者所學到的任何教法，都將
驅散生命中的無明與迷惑，照亮可能正在經歷的人生暗
途。因爲他們會將修學的任何法門應用在自己的生命中，
而這樣的實踐將能平息煩擾他們的種種痛苦。

無論修學的內容是什麼，他們所修學的任何法都將使其
更謙卑、更尊貴，也使明性與智力、學識與智慧更爲增
長。眞誠聽聞是證得正覺的基礎，也是最後證得法身（實
相智慧身）⑥ 境界或實相的因。

正道引有情

倘若知識的獲取進展成澄明的洞察力與堅定的信心，這樣的成就不僅能驅散自己的煩惱與迷惑，也能協助他人避免誤入黑暗的歧途，引導他們走向安樂，成為照亮眾生道途的慧炬。

具足知識與智慧的人，就如手持火炬的引導者，當其他人在黑暗中跌跌撞撞而迷途時，無論環境有多險惡，具備學識者也能找到正確的道途。他們會成為經驗豐富而值得信任的嚮導，有能力幫助許多生命中的旅人避免迷失，並教導他們對錯、是非，指引他們為了依循正道何者當行、何者當捨。真正的學識，舞動著真實聞思在生命中所點燃的慧光，消除使人沉睡不醒的內心無明。

智者對善知識會心懷無比的感恩，因為在善知識身上可發現值得信任的指引，這盞領航明燈能照亮他們的幽暗無明，引領他們步向解脫王城。

迷失於人生長途中的眾生，不清楚該走哪一條路，也不知何時能再繼續旅程，或何處可找到另一條不同的途徑，無法做出正確的抉擇。他們所做的抉擇，也許只會令自己生起更多的內疚與自我貶抑，甚至自憎。透過聞、思而具足法財的善知識能成為經驗豐富的導引，在迷惑與險惡的人生之旅中，為人們示範如何化解生命中的種種複雜難

題，引導迷途的眾生繼續其旅程。

我們可觀察偉大的博學導師，如何將澄明、領悟、加持傳承給大眾。從聽聞、思惟中得到的才智和智慧，就如可清晰反照自身和自身環境的鏡子，讓有學識者對自己和身處其中的世界有甚深的領悟。如理聽聞、思惟也能使我們認清究竟實相，並了悟每件事物與周遭所有人的真正處境。

總而言之，如理聽聞、思惟會使你擁有一面明鏡，能非常清楚地察覺許多事情，若非如此，你將永遠不會知道它們的真相。

法身成就種

聽聞、思惟佛法，讓我們發現自己有成佛的可能。雖然我們本具佛的功德，人人都有佛性，成佛的種子就潛藏在心中，但我們卻總是無法認識此清淨本性。

聽聞、思惟佛法讓我們認清這樣的潛能，將充滿希望與可能的全新感受注入心中。這會促使我們重新衡量自己的生命並發現其意義與價值，若未曾聽聞、思惟，它便將永遠隱而不現。

證得解脫法　必聞思成辦
執此生聞思　法財增我慢

謗下嫉聞思　逐名聞利養
墮落惡趣根　八風應斷捨

執此生聞思　法財增我慢

　　然而，無論學習本身多麼可貴，若聽聞、思惟佛法是出於世俗動機，就不會帶來任何眞正有益的果，這項修持也將只會增長我慢而無法成爲解脫之因。我們的研修最後只會使自己學會嫉妒以及如何生起慢心，以爲自己是全天下唯一無所不知者，其他人不過是無知的凡夫。而所學到的每種知識也將使自我更加膨脹，讓自己更自負、更貢高我慢。

　　如此的學習，不僅會使人因這些過患而受苦，也會因看待其他學習者的態度而爲自己製造出許多問題。

謗下嫉聞思　逐名聞利養

　　執著於此生安樂而聽聞、思惟佛法者，會鄙視所學不如自己的人，拒他人於千里之外，也不會將人放在眼裡，甚至對人做出傷害的舉動。

　　這種人會說：「哦！雖然他或許完成這個或那個，不過他並未眞正的用功學習，而且不知自己在說什麼。」因爲將自己安放在高臺上，雙眼被我慢蒙蔽，所以無法看見他人的任何功德。他們的學識，只賦予貶抑別人的特權，使之有

辦法在他人身上找出過患，卻永遠發現不到自己的任何過失。

若這還不夠惡劣，那麼可再看看這種人對舉世公認聞、思有成者的態度。他們會非常嫉妒這樣的博學者，千方百計地想找出其不善之處，而說：「他們或許對這主題懂得非常多，不過仍欠缺如此這般的功德。」

由於不安全感和自卑感作祟，致使他們造下毀他的業行，這些心態說穿了就這麼簡單，與學識孰優孰劣無關。這種人也將播下諍論的種子，且會因深怕他人不贊同自己的見解而覺得必須想辦法將人們拉到自己這一邊。

聽聞、思惟佛法是證得解脫與開悟的一種法門。但佛法並不會成為動機可議者解脫輪迴的因，卻會成為其招攬更多弟子、徒眾與更響亮名號，以及累積更多財富與個人財產以謀取世俗滿足之因。他們的學識只會成為展露、確認其自我吹捧之身價及滿足個人私心的工具。

墮落惡趣根　　八風應斷捨

為了擴展名聲，動機不正者會進一步謀取更崇高的名位和社會地位來展示其重要性，在言行舉止之間，彷彿他們的成功無人能及。由於沉醉於自己的財富與眾多徒眾的表象中，這些我慢者其實是在造作墮入惡道的業因。他們的

學識不再是解脫的因，反而成了障礙。

出於世俗動機而聽聞、思惟佛法的人，總是喜歡吹噓自己曾花過多年時光追求、鑽研知識。碰到背景類似的人時，他們總是有能耐挑出不對勁的地方加以非難。若遇到倍受尊崇且享有盛名的人，他們又會嫉妒不已，想盡辦法尋找其缺失和毛病。他們的學識成了募集徒眾的招攬工具，以及累積財富與用來裝飾的世俗成功的手段。

這種人的學識將成為他們的真正障礙，也將成為其手中揮舞的鐵鎚，不斷打擊被視為較差的學習者，或打擊所嫉妒的博學者。假使積聚知識只為了此生的世俗目標，實際上我們只是在累積墮入惡趣的種子，難道這還不夠明顯嗎？

因此，我們的發心與行願應當專注而清淨無染，希望自己所聞、所學的一切都能利益眾生，而非老是思索如何獲取知識以改善自身的世俗境況。為了幫助他人，我們須有如此的殊勝願心，希望自己的學習與知識成為能傳承給別人的有益資糧。

出於真誠願心而如理地聽聞、思惟所追求的學識，使人有能力平息自他內心的恐懼與焦慮，這是它的另一種廣大利益。只要發心正確，得到的知識愈多，能消除的恐懼和不安也會愈多。你能驅散的恐懼愈多，就能為自他帶來更多的安樂。聽聞、學習不只是獲取知識的煩悶工作而已，

知識的追求本身就是一種樂趣，它不但能滿足自己，也能利益他人。

簡而言之，為了此生的自私利益而追求知識，會使人貢高我慢地看待較無學問的人，並嫉妒更有學識的博學者。知識的研究與追求將因而成為膨脹自我的工具，讓人被綑綁在世間法中受更多的苦。不正確的聞思態度亦如虛假做作的戒行，能使人生起我慢而無禮地對待他人。

事實上，聞法動機不正確只會使人墮落惡道，以上只是其中的幾種例子。佛法的學習本是一帖能使人避免這種厄運的良方。為何我們要花如此多的精力，浪費時間在不會使心智更成熟而反會令無明增長的事物上呢？只要不將寶貴的時間完全投注在俗世的各種爭逐、樂趣、目標上，我們的人生就會更有意義！

請想想以上這些例子，好好思惟這些教理，便會更明白為何札巴・堅贊力勸我們完全捨棄這些愚癡。他的證道論頌適合所有不同階位的行者，並直接向正在攀登知識之梯的佛子宣說了通往證悟的偉大教法。

禪修

禪修者具足
斷煩惱良方

成道解脫根

成就佛果因

　　揭示持戒與聞思的重要性，並指出一些潛藏的陷阱後，札巴・堅贊的論頌接著開始探討下一個課題——禪修。這也和我們所討論的修學精神有關，假使禪修的動機是由於執著此生，也可能會產生非預期的結果。

禪修者具足　斷煩惱良方

　　札巴・堅贊首先強調禪修的必要。發心正確的如法禪修，能化解我們所遭遇的苦痛和不幸，但禪修的動機絕不應只為尋求此生的撫慰。只有當目的超越對此世的關懷時，禪修才會開始真正有意義。聽聞與思惟上的所有努力，也唯有透過禪修才會開花結果。每位偉大的祖師後來能成就高度證悟，主要也都是因曾持續不斷地精進禪修。

　　實地禪修之所以不可或缺，原因就在於此。不論學得什麼知識，假使無法透過禪修親身體證，即使花費許多時日傳法開示，也不會有任何真正的證悟能傳承給他人。實地禪修得到的體驗，會加深自信及對佛法的信心，並引導我們成就真正的證悟。

　　無論善業與聞法能給我們多大的依恃，一些相關或傳統

的法門仍能協助我們在修行道上一路精進，這些傳統法門都是爲了長養心中的證悟。因此在追尋了悟世俗諦 ⑦ 與勝義諦 ⑧ 的道途中，也必須對這兩種義諦有些許證悟。然而，要使證悟圓滿成熟，一定要禪修。

若能如法依循傳承所教導的禪修進程老實修行，就不會在學識的聞、思次第上原地踏步。相反地，學識將因自身的體驗而日益增長，變得更加敏銳。除非我們能經由禪修得到親身體驗，並因此獲致某種深刻的證悟，否則光靠知性上的學識無助於成就解脫，反將成爲一種負擔。

如法禪修能增長我們曾造下的所有善業，也能增長曾學過的一切知識，並且使這些功德圓滿成熟。禪修也使我們能篩選、精煉所學的知識而爲自他帶來實際利益。因爲光靠知識無法利益自他，且可能產生解脫之障礙，而禪修則能引導行者證悟勝義諦。

禪修支持我們在菩提道上精進不退，行止與想法會變得更柔軟，當煩惱生起時，能使我們知道該採取何種適當的對治方法。禪修的功夫愈深，問題與困難就會愈加透明，當心敏銳分明到能當下照見迷惑如何生起時，一切煩惱都將迎刃而解。這種透過禪修證悟而生起的澄明，能避免艱難的處境惡化，並確保我們不會一再被自己的習氣操控。

成道解脫根

我們應重視禪修在解脫道上所扮演的角色與功能，並以真誠的發心擁抱它，因為在心中播下佛果種子的正是這樣的認識與擁抱。無論是否只是在家眾，是否受過戒，也不論是否只是為去除日常生活中的心緒問題，或真心想要追尋究竟的覺悟，禪修都能帶給我們在一般經驗旅程中發現不到的澄明與導引。所以，札巴‧堅贊鼓勵每個人精進禪修，並且以正確發心禪修。

想學習禪修的人應尋訪一位具格上師並接受禪修指導，這是為了直接淨除內在煩惱，而非為了任何世俗目的。接受禪修指導後，若有任何問題或疑惑，必須予以澄清，並設法解決。

接著可找一僻靜處，依循所學的指引和禪修技巧如法修習，並利用它們作為直接對治自身煩惱的良方。為了將這些教法應用在自己身上，首先禪修者需認出自己的煩惱與缺失，再採取適當的良方對治。

如何藉由禪修而採取適當的法門對治負面想法？例如，受執著所苦的禪修初學者，可修不淨觀⑨與無常觀⑩，並思惟萬法無常，無有恆住。這種方法可轉化執著為不執著。有瞋恨心的初學者則可修慈心，並嘗試修習寬容、忍辱與悲心。

若無明熾盛，可先觀五蘊⑪或六根及其所緣境⑫等，仔細思惟它們之間的依待關係。禪修者可依論藏之記載，以此法門禪觀緣起法。

這些禪觀並不一定要在禪修時段進行，修行者時時刻刻都應保持禪觀的心，審思終日追逐各種外境與外相究竟有何意義，只要細心禪觀思惟，就能分辨利害。這些教法將會喚醒沉睡的心，激起我們對微細的細節與過程的興趣，並因此成為對治無明之良方。

成就佛果因

因此任何人都可透過禪修技巧對治一切痛苦與煩惱，起初它們會漸漸減少，最後將完全消失。消除粗重煩惱及其潛藏的種子，將使修行者繼續向更高的證悟邁進，進而證得聲聞乘的阿羅漢⑬或緣覺乘的辟支佛果位。而一切種智⑭的障礙——最微細的煩惱，最後也會消除，行者終將證得正等正覺，亦即究竟之佛果。

禪修是對治一切痛苦的最有效法門，它使我們能一勞永逸地根除痛苦。我們應訓練自己在日常生活中隨時保持禪修的境界，不論禪坐時或結束禪坐之後，始終正念分明，知道何者當為、何者當捨。

因此，禪修其實並不只是人生苦難的對治良方，它遠遠

超越這樣的角色，因為它是證得解脫而出離輪迴的根本因，也是成就究竟佛果的最重要原因。若想成佛，就必須老實禪修。所有偉大上師成就證悟的主要原因也是實地禪修。

惟有實修，才能在成佛之道上的道次第依次前進並證得諸地果位，只靠智力之思惟絕對無法成就。聲聞等佛道的證悟次第，惟有不斷勇猛精進老實修行，才能圓滿成就，直至證得究竟佛果。禪修的用功程度也決定了人所具備的功德。

因此，不論聽聞、思惟多少佛法，或持戒如何精嚴，假使未用功禪修，這些努力都無法使我們證得正覺。沒有禪修，絕不可能證得能帶領我們邁向究竟佛果的解脫，也絕不可能證得究竟的佛果，萬法的本然實相也惟有實地禪修才能證悟。佛陀曾說，當年他在尼連禪河畔苦修許多年，後來成就正等正覺，完全是因累積相當深厚的禪修根基。

剛開始禪修時，可能會感覺煩悶、無聊。但當較熟悉且有所體驗後，會開始體會平常困擾我們的負面想法和感覺可透過禪修予以轉化。有禪修的人會增長某種自身的體驗，這體驗所賦予的力量能使其轉化各種境遇中生起的負面想法和感覺，轉煩惱為道用。因此可將從禪修體驗中學到的一切應用在每天的日常生活中。

從禪修中得到的正念力量，使我們能採取適當的方法來對治生起的任何煩惱。當憤怒和厭惡生起時，正念使我們發現其實自己可以生起慈悲心。依此方式修持就會得到整套的訓練指引和要訣而有能力直接消除負面的想法和感覺。

　　我們所談的禪修法門，需要運用「正念」與「正知」兩種善法。寂天菩薩（Shantideva）的《入菩薩行》⑮ 中有個故事可說明記憶、憶念與正念的意義。

　　故事中說有個人在查看儲藏室時被老鼠咬了一口，他注意到自己被咬，但並未再想到其他事。幾個月後雨季來時，傷口開始腫脹起來。他突然記起這件事，心想：「喔！那天咬我的也許是隻有毒的老鼠。」注意到腫脹，說明正知的意義；而記起曾被咬則說明何謂正念。

　　時時保持正念非常重要。正念的一個重要功能是讓我們能清楚記得上師所傳的教示。我們必須記住領受的一切法以及所受持的戒律，並時時保持正念，這是修習正念時最重要的事。

　　正知或覺照的重要作用，則是時時覺知自己所作所為是對或錯，行者唯有透過謹慎細心觀察才能分別利害，分辨哪些行為是十善業或惡業。上師傳授的任何法教也都必須經過自己的經驗去試驗、檢查與檢驗，這就是正知。

　　禪修不僅使我們能對治縈繞心中的煩惱，也能為日常行

爲注入才智和智慧。無論身在何處或所爲何事，經由禪修增長而來的正念和覺照力，會使我們在不知不覺中培養有益於自己的習性。透過禪修養成的自然正念與覺照正是戰勝所有衝突、對立和不良習氣的力量泉源。

至尊札巴‧堅贊也希望我們了解，禪修可能是真實的功夫或虛假的表面工作。雖然禪修是不可或缺的功課，但假使只爲此生的利益、聲譽與報酬，十之八九都會無法如願，且可能遭致不幸的結果。

禪修的正念和正知，能使你觀察自己的修行是否與正法相應或落入八世間法的泥沼中，可看出自己的動機是否出於執著。你可透過自我觀察與自省，來觀察自己持戒、聞思、禪修的動機與目的是否已污染墮落。

若是的話，正念和正知能指引你將心導正，而找到調整、修正、改善發心與修行的方法。假使沒有正念與專注，將無法分辨真實與虛假的修行。只要保持正念與專注，就能將禪修列爲首要功課，讓自己避免任何追逐私利的虛僞修行。

正念與正知能使智慧覺醒，有這兩種善法爲基礎就能增長智慧而消除虛假的修行所累積的惡果。智慧的增長給予心足夠的澄明，讓我們有能力分辨真實或虛僞的修行。這種智慧使我們的修行充滿生氣，擁有嶄新的活力和全新的

視野，使我們發現自己能在許多以前只見其過患的事物中，察覺到許多佛法上的功德。

雖然明白如何作這些重要的分別有其必要，卻並不表示禪修打從一開始便會完全真實而毫無雜染。

行者可能在步上修行道後才發現八風無所不在！然而只要改正發心，盤據心頭的世間法一定會徹底減少，而禪修功德也必將顯現並日益增長。

> 證得解脫法　必禪修成辦
> 執此生修行　隱居仍無暇

為明白虛偽修行的過患如何顯露，可再舉各種例子來指引我們辨別。我相信當你們認出其中一些情況時一定會感到很有趣，甚至笑出來。

執此生修行　隱居仍無暇

身為勇猛精進的修行者，你一定會想找個寂靜而有益修行的地方，你會將身體安住那裡，然後關緊房門，以免有人或物進出，甚至用厚毛毯包緊頭部並緊閉雙眼，以免有東西跳出來使你散亂。不過心仍會偷偷溜走，也許是跑到市鎮或某個它不該去的地方。許多修行者面臨這種情況

時，都會利用這段獨處的時間做些縫紉工作或以前沒時間完成的其他重要事情。

只為暫時改善此生境況而禪修的人，很可能都有這類問題。發心不正確的人，即使身體停駐在與世隔絕的地方，心可能還是很鬆懈，甚至比以前散亂，也許還會發現許多以前都不知道的雜亂思緒。

禪修時，儘管身體端坐，假使心中雜染八世間法，其實還是未真正禪修，我們甚至無法將心安住在房間牆壁以內，更別說要靜靜坐著專注禪修了。我們或許緊閉眼睛，心卻因各種雜亂無章的散漫思緒照耀而發光。總而言之，真實禪修的主要作用之一是調伏自心，讓心維持在任何禪修的所緣對象，無論時間多久都保持穩定的專注。

若禪修動機是為了世俗目標，那麼獨處時，心不只會不斷到處奔跑而已。當你再度遇到其他人時，可能會突然發現自己有這麼多話要說，有那麼多東西要分享，拼命想抓住在「禪修」時可能錯過的每樣事物。你會熱烈地進行言不及義的談話，只為彌補因閉關修行而被剝奪的一切，且會四處閒逛，到處找人說話。

獨處時，總是發現自己一直在為未來的談話作準備。你會再三思量，小心翼翼選擇最能讓體悟顯得非凡且能表達其深度的措辭；也會有條理地設想最佳方式，好讓其他人

開懷，並因你的閉關心得而開悟。

倘若發現自己有這樣的舉止，那麼可確信你毫無改變，心毫無穩定專注。儘管身體作了功課，你的心卻變得更加不安，緊張和壓力也反而比以前更多。

動機可議的閉關修行還可能產生另一種值得注意的現象，你可能會突然想起以前從未有時間處理的所有世俗瑣務，發現閉關原來是完成所有瑣事的大好時機，但這並非禪修的真正目的。

同樣地，若我們老是想著世上的新聞，心一定會散亂，而這將使禪修之路變得崎嶇難行。這種散亂將無法對治，因為我們並非真想找出方法解決它們。對佛法的信心也將因此動搖，因為我們老是浪費時間批評別人，卻不利用時間好好地學法。

> 持經心無念　嫉修嘲聞思
> 散亂自禪修　八風應斷捨

持經心無念

若禪修的主要目的是為尋求利益以滿足此生之渴望，我們的心將無法專注，妄想將四處紛飛，不論持誦多少經文、咒語，心仍會一直被此生的事務所占據。我們的持誦

將比無意義的喃喃囈語好不到哪裡，也不會因持誦經咒而得到任何利益。

事實上，我們的修行將注定失敗，絕不可能有任何證悟。因此，札巴‧堅贊告訴我們，倒不如乾脆捨棄這樣的修持，不要再欺騙自己正在積聚資糧。他已相當明白指出這件事，不是嗎？

另一位上師達巴祖古（Dzapa Tulku）和札巴‧堅贊有相同見解，他也觀察到相同情況。他說即使我們待在關房中，關緊房門宣稱閉關，儘管雙眼緊閉，心仍可能非常鬆懈。

事實上，心可能更活躍，比以前更散亂，也可能草擬許多計畫或方案。我們可能會在一夜之間突然想閱讀、寫作或從事各種自己感興趣的事，卻不想真正精進禪修。

因此，不論我們以禪修的名義持誦什麼經咒，可能都會因平常心中的不斷妄想而受到干擾。達巴祖古說連他自己也有這樣的情形！

嫉修嘲聞思

接下來札巴‧堅贊又舉一些例子，讓我們警覺自己的禪修動機可能已有所雜染。

執著世間者常批評未禪修者，並利用這種批評來稱揚自

己的禪修閉關，這是雜染的徵兆之一。這些修行者也容易毀謗聞、思二慧不過是智力活動，且老是尋找他人的過患，因爲他們自認爲比那些人精進。他們也會毀謗名師的尋訪，質疑他們未用功禪修如何能證得任何果位。

這樣的修行者雖然人在閉關，其修行功德卻必因散亂與昏沉大打折扣。

散亂自禪修　　八風應斷捨

這件事相當重要，因爲禪修功德不應受散亂心所障礙。無論多麼用功誦經持咒，做這些修持時一定要有相當的定力，而且必須持續專注，否則修持不會有任何效果。眞正的禪修必須駕馭自己的心，並且要在止禪上用功。

事實上，重點在於聞、思、修的修持不能有絲毫散亂，若能做到這點，修行過程就會非常順暢。若禪修時心中所想是如解脫及利益眾生等長遠目標，這種發心自然會使禪修眞實不散亂。

不論禪修有多重要，若執著此生之安樂，禪修最後勢必成爲毀謗他人之因。例如，這種人或許會說：「他們禪修的方式錯誤，他們沒有傳承，他們的法脈可能中斷了……」等之類的批評，可能還會如此議論：「再沒有比禪修更殊勝的了，那些人爲何要花那麼多年的時間聽聞、思惟呢？眞

是浪費時間。」如此完全否定其他人。在這種人眼裡，其他人的用功全成了不如法的修持。

這種人將別人批評得一無是處，自己禪修時卻非常散亂。禪修時他們只發現自己的心散亂無比，根本無法增長任何穩固的定力。這種修行者不僅不會因修行證得任何不退果位，還會不斷質疑他人的修持，卻不反問自己的修行是否真實無誑。他們或許會說：「喔！那位仁兄花了許多時間禪修，但他缺少詳實的指導，所以注定失敗，真該感到慚愧。」這種批評其他行者的態度，說穿了只是嫉妒。

這種禪修者或許人在閉關，卻發現自己無法按閉關計畫修持，老是無法準時正式禪修。然而一聽說有人如法達成所有要求，就虛誇自己也完成同樣的修持，甚至聲稱比那人更快完成修行誓願！

事實上，這些人在閉關時，心並未閉關。他們無法調伏自心，也無法成就如法禪修自然生起的任何徵象和功德。經過許多努力，偶爾有一刻澄明，了悟自己是何等散亂，從此之後便可能不停地懷疑、自憎。他們可能會以為一定有什麼地方出差錯，並且會畏懼、害怕或疑神疑鬼，甚至認為所領受的修學指導一定有地方出問題。正如諺語所言：「駕船技術差勁的人，老是抱怨河道太彎曲。」

這些例子可清楚說明，假使發心與目的錯誤，無論如何

用功閉關禪修，也不會結出任何善果。札巴‧堅贊說，若發現自己如此，倒不如暫停修持。他的意思是，若只爲達成世俗目標，倒不如使用世俗的方式即可，別利用出世法門去追逐世間目的。

總而言之，執著現世的人可能也會禪修，但他們會嫉妒精進的行者，對其修持吹毛求疵，並瞧不起未禪修者。而他們的禪修卻不斷受散亂、無明所苦，乏善可陳。世間八法染污禪修的方式就是如此，這是札巴‧堅贊向我們揭示的禪修忠言。

若你希望斷除對世俗事物的執著，一定要如法修行，了解何者是有漏或不眞實的行止，並予以斷除。禪修眞的能成爲撫慰此生痛苦並引導我們依佛道次第一路邁向證悟的根本因。

爲了完成此目標，必須先分辨虛僞的修持和可獲致證悟的眞實禪修，若修持只是爲了滿足世俗動機，倒不如乾脆不要禪修。

思惟人身難得，生命無常

到此爲止，所言與《阿毘達磨俱舍論》中的「依戒具聞思，實修三摩地」相應。因此，這些偈頌直接揭示究竟目標和世俗目標之間的差別，同時也間接指示思惟八暇十滿

人身難得與生命無常的態度。

　　若發現自己的禪修有這類過患，那麼修心法門將會為我們帶來非常大的利益。

思惟人身，生起勇猛心

　　就目前所討論過的內容而言，這表示應特別思惟人身難得、諸行無常，我們應訓練自己的心，時時刻刻不忘思惟：「為何將用來禪修的寶貴時光浪費在目的錯誤而不如法的修持上呢？若現在不把握這寶貴的人身，立即改正這些過患，何時才會再有機會修正、改善修行？」思惟寶貴的人身會使我們有種嶄新的感受，因而受到無比的鼓舞，並再度生起對佛法的堅定信心。

　　否則，我們可能會在步上修行道一段時間後發現自己的目的根本錯誤。我們也許會灰心喪志，不實的期望幻滅，甚至退轉而想根本放棄禪修。因此若發現自己的修行有這些過患，絕不可因而氣餒，應更激勵自己思惟人身的珍貴並思惟諸行無常。這點相當重要，因這種思惟將幫助我們重新尋回勇氣與自信。

　　我們所討論的這些教示都是在強調如法持戒、聞思、禪修的重要，同時也指出人身珍貴難得，因此對人身難得的

教理也應有所了悟。必須好好思惟這些教理，並仔細思惟戒行是獲得寶貴人身的主因。為闡明八暇十滿具足的寶貴人身殊勝難得的真義，需進一步思惟經典中一些譬喻以及以數字表示的例子。

思惟人身的殊勝與珍貴，能使我們珍惜此世的暇滿機緣，進而激發我們生起勇猛的精進心。了解死亡無可避免，就會生起強烈的勇猛心用功持戒、聞思、禪修，不會將生命白白浪費在得不到任何善果的追逐和不實修行上。

若能好好思惟人身的珍貴難得，同時觀修萬法生滅無常之實相，心自然會滋生修行的強大願力，並為修行注入無比真誠的功德。這種修學態度也將進而使我們在佛法修行道上突飛猛進。

念死無常，生起清淨願力

切莫將此生利益列為理所當然的優先考量。念死無常，就會好好利用此世的暇滿機緣，不會不小心在道途上迷失方向。珍貴的暇滿人身，具足其他五道所缺少的殊勝機緣，讓我們有證得解脫的可能，這樣的教理應足以說服你。許多人獲得值遇佛法的寶貴人身，卻將生命浪擲在只會招致苦果的不實修行。為了生起正確的發心，發願不為此生的短暫目標而用功於佛法修行，請大家好好思惟這些

教理。

　若不曾在過去世中累積許多善業，我們就不會在此世得到難得的寶貴人身，具足八暇十滿的順緣，並值遇佛法。不過人身雖然難得，卻也脆弱無常，凡生必有死，合會還別離，積聚的一切終將消散，這是生命的實相。修心能讓自己了悟無常，有效對治所討論的這些過患。

　禪修若想有所成就，絕不能懈怠或以任何藉口拖延。我們的生命終將死亡，而且非常脆弱，隨時可能敗壞。所以要訓練自己經常思惟：「萬法無常，我的生命和寶貴的人身也同樣無常。所以我一定要利用這短暫無常的暇滿人身精進修行，絕不找藉口懈怠拖延。」如此反覆思惟，最後終將生起一股不可能從自身之外獲得的殊勝願力。

　思惟這些課題與澄清禪修動機的必要性，會使這種清淨願力自然生起。

不生嫉妒，心常隨喜

　修行者的嫉妒心也是不斷在我們的討論內容中出現的問題。嫉妒同修者對修行非常有害，因它會造成共修團體的不和合，而且可能使金剛乘行者破三昧耶誓戒。有些地方也許可牢記在心，它們或許有助於對治這類問題。

　若親近的法友能坦然分享自己的學識與體證而不互相競

爭比較，這是最好的。只要師出同門，如此的分享便會有非常良好之互動。但假使同屬某個共修團體，卻有不同的師承，到底應修持哪一派的法門可能就會有不同意見。對相同傳承的同修者分享自己的學識時，若非出於引導法友的善心，而是企圖領導其他人，心想：「我懂得比你們多，你們什麼都不知道。」這樣的我慢定會使其他人滋生嫉妒心，也會使其他人產生瞋心。

在法友中歡喜自在並隨喜其所領受的法也相當重要。我們應盡己所能全部領受上師所傳的法，並應用在自己的修持中。但假使所領受的法使你自視甚高，對所學或許不如己者不假辭色，是非常不當的，因為這種我慢可能會使法友產生嫉妒心。

倘若能隨喜法友們的善業及所修持的功課，並因受激勵而依循其典範修持同樣的法門，那就更好。法友們可用此種方式協助彼此增長道業，無須互相批評，因為那只會製造嫉妒和瞋恨。因為佛法的本意，是希望人擁有善心與健康的心靈，並具備殊勝的發心及神聖的目標。比其他法友更精通佛法修行或知道得更多的人，可秉持這種正確態度，出於善心慷慨法施，在修行道上引導法友。

若能依此行持同修共濟，一切必將圓融無礙。正如經教所言，道就在心中。心明則道明；心若昏昧，道途也必將

黯淡無光。若你的發心與法相應，且盡了最大努力，那麼即使他人對你有所懷疑或誤解也無須在意，那並不重要，因為你坦然無愧於自心、天地、因果與諸佛菩薩。這些方法可避免讓自己和別人生起嫉妒心。

具足戒修，如理思惟，精進禪修

薩迦·班智達在對札巴·堅贊的論頌所作的注解中，引用出自《阿毗達磨俱舍論》的兩句名言，談的是持戒、聞、思和禪修的重要性，至目前為止，我們所探討的內容精要地闡釋了這兩句話。

世親在《阿毗達磨俱舍論》中提到，我們應先具足紮實的戒行根基，並如理思惟相關法教，具足這兩種前行基礎後，須更進一步如法用功禪修，這三者應並行不悖。

無論我們曾受學於多少位偉大上師，或已修學多少時光，假使戒行、聞、思、禪修的修持，沾染對此生的自私考量，那麼一切修持只不過是累積更大的我慢而已。世俗的執著只會使佛法修持變成另一種形式的物質主義，不但無法成就究竟的證悟，而且是墮落三塗、自壞慧命的因。被世俗動機所染污的上師也會讓弟子心生邪見並使他們對三寶失去信心。請將這件事謹記在心。

目前我們已解說札巴·堅贊對「若執著此生，則非修行

者」所作的闡釋。這是文殊菩薩的第一句教言，它所涵括的一般教理是人身難得以及念死無常。我們不會探討這兩項共加行的所有細節，你們或許已聽聞過這方面的開示。

傳授完這類法教後，應禪修思惟它們，複習所討論的內容，而非聽過之後就將它們擺在那裡當作一種開示。這是我們的傳承傳統，當年我們從偉大的上師至聖仁波切旋遍‧寧波領受完這項法教後，弟子們都會反覆思惟並以個別或團體的方式實修教授內容，這是為了讓法深植心中成為禪修證悟的種子。

所以，我們應在聽聞教法當下深刻感受這些教示，並利用休息時間好好思惟它們，於禪修時精進用功，努力讓自己在這些法教上獲致一些證悟。

注釋

① 指下文中的「依戒具聞思，實修三摩地。」
② 皈依戒、沙彌戒、具足戒：「皈依戒」是在家眾的基本五戒，即不殺、不盜、不邪淫、不妄語、不飲酒。「沙彌戒」是沙彌所受持的戒，即不殺、不盜、不淫、不妄語、不飲酒、不坐臥高廣大床、不著花鬘、不觀歌舞、不持金寶物、不非時食等十戒。「具足戒」為比丘、比丘尼所應受持的戒。
③ 聲聞（sravaka）：字義為「聽聞者」，指聞佛法音，依四聖諦教法修行而證道的聲聞乘行者，最高果位為阿羅漢果。
④ 辟支佛（pratyekabuddha）：又稱「緣覺」、「獨覺」。過去世曾領受佛的緣覺乘教法，開悟因緣成熟時，轉世在無佛出世也無佛法的地方，因累世的修持而自然開悟，如此的覺悟者稱為「辟支佛」。也是依十二因緣法修行之緣覺乘行者的最高果位，高於阿羅漢而次於圓滿的佛果。

⑤ 五波羅蜜：布施、忍辱、精進、禪定、智慧。

⑥ 法身（dharmakaya）：究竟身、真實身，乃空性之體。

⑦ 世俗諦：二諦之一，世間一般所見的道理。由於絕對最高真理的第一義諦，不易為一般人所理解，故先以世俗的道理與事實為出發點，再次第導向高境地。

⑧ 勝義諦：二諦之一，即究竟圓滿的真理，非方便之指涉，因此又稱為「第一義諦」。即聖智所見的真實理性，離諸虛妄，故名為「真」，其理永恆不變，故名為「諦」。

⑨ 不淨觀：思惟肉身血軀充滿污濁不淨之物，死後敗壞除骷髏之外更無餘物，因之生起厭惡之心，藉以對治貪欲。

⑩ 無常觀：思惟一切有為法之生滅、無有常住，藉以生起不執著貪染之心，是謂無常觀。

⑪ 五蘊：「蘊」意指「積集」，五蘊即指構成人身、心的五種要素：（一）色蘊：指物質；（二）受蘊：即感受；（三）想蘊：即思想與概念；（四）行蘊：即意志的活動；（五）識蘊：即認識判斷的作用。

⑫ 六根及其所緣境：六根為眼、耳、鼻、舌、身、意，六根的所緣境即此六根所分別感受的色、聲、香、味、觸、法六境。

⑬ 阿羅漢（arhat）：聲聞乘的最高果位，梵語「應供」、「殺賊」、「無生」之意，指斷盡一切煩惱，已從生死輪迴中解脫，應受人、天供養的聖者。

⑭ 一切種智（omniscience）：了悟諸法總相、別相的佛智，亦即以一種智慧了知一切法，了知諸法之空相以及諸法之行類差別，這是只有佛才能證得的智慧。英譯為 omniscience，有「全知」之意。

⑮ 《入菩薩行》（Bodhicharyavatara）：寂天於八世紀所著，啓發修行者如何發菩提心、行大願力，突破人、我法執，安住光明的空性之中。

若執著此生　　則非修行者

若執著世間　　則無出離心

若執己目的　　不具菩提心

若執取生起　　即非正見地

第 **4** 章

執著世間

若執著世間　則無出離心

斷三界執，證涅槃果

為證涅槃果　須斷三界執
為斷三界執　謹記世間患

　　札巴‧堅贊在他對文殊菩薩的第一句頌文所作的詮釋中，揭示思惟人身珍貴與世間無常的必要，第二句頌文要談的則是思惟一切有漏法 [①] 皆苦與輪迴的過患。

　　思惟一切有情生命的痛苦本質，會使我們的心充滿疲厭與悲傷。它使我們體認老實修行的急迫性而重新生起強烈願力，了解目前擁有的暇滿機緣是多麼的殊勝珍貴，同時自內心深處對所有未能如己幸運的其他有情生起無盡的憐憫與悲心。

為證涅槃果　須斷三界執

　　出離心意味斷除惡業，絕不再造作會招致苦果的惡因。輪迴是個充滿苦的無底洞，無法斷捨苦與苦因的眾生永遠

無法證得涅槃。「涅槃」一詞意味悲苦的止息，若要達到此遠離悲苦的境界，拔除生死根本，就必須離開充滿悲苦的輪迴世間。為達到遠離悲傷、無痛苦煩惱的涅槃境界，必須捨棄對世間六道② 的貪著。只要執著世間，就永遠無法遠離苦與苦因，因一切的苦都存在於輪迴的世間！

在解釋文殊菩薩親說的第一句教言時，我們曾探討對此生的執著及其過患，然而執著的問題其實還要更深一些。它不僅與捨離對此生利益的執著有關，也是件與厭離生死輪迴相關的大事，所以必須思惟並禪修輪迴的過患，否則我們可能會幻想生死輪迴有任何值得留戀的功德。在迷茫爭逐於世間目的時，思惟輪迴過患將使我們對此世間生起一種真實的厭惡。

若想證得覺悟，絕不能執著三界──欲界、色界、無色界③。欲界由六道或七道所構成，是六道眾生與第七道有情中陰身④ 的依報；色界由十七天所構成；無色界則是四空天所在的四空處。教法中有時也用另一種分法，將輪迴世間分為「三有」⑤──上有（或稱上界）、中有（或稱中界）、下有（或稱下界）。

六道有情生死輪轉的六道，是屬於三界（欲界、色界、無色界）中的欲界。

色界和無色界都是天道。色界的眾生幾乎無須付出任何

努力，就能自然獲得各種美妙的飲食和器具，享受各類美妙的事物。

聽到此事，或許有人會深受吸引，想投生成為壽量極長的天人。然而投生此處的眾生，仍未跳脫輪迴世間，而輪迴世間的本質是苦。所以若有人想投生天界，表示還不了解生死輪迴的本質。

若有人被個人的地位、權力、環境或三界中的任何一道所吸引，表示他仍執著世間生活。有朝一日清醒過來，明白自身的地位後，可能會想成為地位不同的人或境況不同的其他眾生，卻不了解即使得到這些，最後的處境也絲毫不會比原來好多少。

為斷三界執　謹記世間患

因此札巴・堅贊教導我們增長厭離世間之真正感受的重要。若不了解三界輪迴的有漏本質，就容易對它產生執著。三界六道眾生的生命本質都是苦，而且苦無所不在。有人或許會說自己是佛法修行者，而事實上卻未真正厭離生死輪迴。為了出離輪迴，必須捨棄對世間的執著。

若我們總是一直追求自己的名聲、財富、地位、特殊頭銜或更高的職位等，表示仍貪著輪迴的世間。假使說自己已捨離輪迴，只是還有某些小事物無法完全捨棄，這也表示尚未

出離世間。若要出離生死輪迴，我們必須捨棄每件事物。

有許多傳統的例子，可讓我們了解世間的真相。當你到某個特別令人厭惡的場所時，一定會想無論如何再也不要回到那個地方。若對生死輪迴抱持這種態度，表示你已生起出離心。

空中飛翔的各種鳥類不會降落水面，牠們也從未想過降落在那裡，這例子也能說明對生死輪迴應有的正確態度。出離輪迴的決心正是如此，無論如何絕不降落在水上，因為我們知道那會使自己立刻溺斃。

我們也可想像會嘔吐的病人，一看到令人反胃的東西就會忍不住立刻作嘔。你們對輪迴世間也應有這種十分厭惡的感受，而非反受其吸引。再舉個非常恰當的例子，若有人在你面前擺了一坨大便，我想你們一定不會出人意表地拿起它把玩一番！若想藉這種對世間的厭惡感增長出離心，須先了解輪迴的本質。以我們目前的境界還無法一一探尋各式各樣、程度不一的世間諸苦，這些苦是我們無法想像的。

輪迴的過患到底是什麼？基本上，苦大略可分成三類——苦苦、壞苦與萬法遷流無常的行苦。各種苦都能歸納在此三大類中，眾生可能體驗到的一切苦都能涵括在此三種苦之中。若仔細審思輪迴世間的本質，會發現它完全受此三種苦踩躪摧殘。

苦苦

第一思苦苦
三惡道之苦
細思心肉顫
若墮無能忍

善業斷苦苦　諸未能行者
自種惡趣因　輪轉誠可憫

第一思苦苦　三惡道之苦

先簡要地看看第一種苦 —— 苦苦。苦苦主要是指三塗
苦 —— 地獄 ⑥、餓鬼 ⑦、畜生三惡道之苦。投生到地獄道的
有情必須忍受酷熱與寒冰之苦；餓鬼道的眾生也無時無刻
不受飢渴之苦煎熬；畜生道的有情則必須遭受愚癡之苦，
而且會被奴役驅使、拷打，終日惶惶不安而長年生活在恐
懼之中。

三惡道有情的業報是相當悲慘的境地，無論做任何事或
嘗試任何掙扎，其努力只會驅使自己遭受更多苦。萬一投
生惡趣，我們將無法挽救自己的悲慘境地。惡趣眾生受苦
所迫而拼命嘗試各種努力，希望能減輕痛苦，結果卻只是

招致更多同樣的苦。

　三惡道的苦永無止期，不得休息。它們的苦無一刻能真正減輕使其得以喘息或感受些許安樂。因為惡趣的苦是如此嚴酷劇烈，所以投生此處的有情在這種難以忍受的環境中根本無法修行。我們真的非常幸運，並未投生到三惡道，萬一墮入惡趣，我們一定無法出拔那樣的苦境。這就是苦苦。

　《回應查頓》（Traton Shulen）這部典籍對苦苦有相當好的教誡。查頓曾請求札巴・堅贊開示，札巴・堅贊回答他說苦苦可比喻成痲瘋病患的境遇。受痲瘋病苦折磨的人總是想感覺病況即將好轉，但每當癤瘡嚴重，難以忍受，就會忍不住剝掉那些皮膚，如此卻反而會覺得其癢無比。為了止癢，他們會繼續抓癢，結果又使更多皮膚剝落。他們以為抓癢會好過一些，結果愈抓病況反而愈加惡化。思惟這例子能使我們了解惡趣眾生所嘗試的一切努力只會加劇其苦，苦絲毫不會減輕。

　明白這種情況後，想到還有那麼多不幸墮落惡趣的有情，會讓人感到非常悲傷。我們一定要對那些無法救助自己的有情生起真正的悲憫。同時想想自己，並對這些教法生起堅定的願心，下定決心絕不造作會驅使我們墮入惡趣的惡因。

細思心肉顫

我們一定要深刻地再三禪修這些要點，請持續不斷地思惟、禪修，直至感到足夠與滿意，並感到非常殊勝，因為你即將了悟這些苦的實相，並透過自身的感受增長信解。請依此方式禪修，並為此感到喜悅，因為你能加強對生死輪迴之本質的領悟，能生起出離心，並對墮落惡趣的有情生起真正的悲憫心。如此密集不斷地思惟這些苦，會使你渾身震顫、毛髮直豎！你們應如此思惟苦苦。

禪修思惟苦苦時，若達到一想起這些苦就恐懼顫抖的境地，便已具足必備的修學基礎，準備好進入下一個修行次第。所以請想像萬一被迫終身要在如此惡劣的境遇中持續受苦，會是什麼景況？任何人都無法忍受這樣的苦，若你們能好好思惟這件事，必可下定決心絕不再造作會感召這些苦果的苦因。假使禪修到對這些事會本能地震顫不已的地步，卻仍無視於告誡，繼續無慚無愧地造作惡業，那豈不是非常悲哀嗎？

或許有人心中無法接受這些事，不相信世間除了人類和畜生道的有情還有任何其他生趣的眾生。也許他們會認為上方只有天空，下方也只有土地，哪裡有什麼天道和地獄？不論此論調聽來多麼動人，這種無視於天道與地獄之存在的懷疑，只不過顯露了他們的無明。

這些懷疑都是因為執取邪見有，它們只會造下更多的苦因。這種對世間的錯誤見解愚癡無比且非事實，我們不應被其所迷惑，深刻審視三惡道的怖畏本質遠比這種邪見可貴得多。

若墮無能忍

若真洞見投生惡趣的痛苦景象，一定會使你驚駭恐懼，全身震顫不停。我們幾乎無法想像忍受這樣的生命會是什麼樣的情景。而且無論惡道的苦苦多麼嚴酷劇烈，由於惡業深重，在惡業未消盡之前投生惡道的有情並不會死亡。它們的苦是如此難以忍受，在此種環境下根本無法改善自己的生命。我們一定要反覆思惟這項教誡。

為了有效實修這些法門，我們必須明瞭惡趣的詳細景象以及惡道有情所受之苦的本質。寒冰地獄的有情必須不斷受苦，被迫忍受嚴寒之苦萬千年；炎火地獄的有情要在猛火燒燃中受苦萬千年，而且不會因受苦而死亡。

餓鬼道的眾生必須忍受殘酷的飢餓與乾渴之苦，歷萬千年不得些微飲食。由於惡業深重，所以不會太早死亡，必須不斷受苦，直到投生此惡趣的惡業消盡為止。

雖然餓鬼道的眾生種類繁多，但不外乎三種：第一種是於諸飲食有外障者，第二種是於諸飲食有內障者，第三種

是於諸飲食自體爲障（自有障）者。這三類眾生都無法找到任何食物，因爲周遭沒有任何食物，即使能找到一點點遭人吐棄的臭穢膿血殘食，入口時，也會全化爲烈焰，燒灼它們的五臟六腑。

畜生道的有情也同樣受苦苦擺佈。人類會不留情地榨盡牠們身上的乳汁或對牠們打殺劫掠，或爲裝飾自己而剝取其毛皮，並完全無視於牠們的痛苦而吞噉其血肉。此道的眾生也會不斷彼此殘害，相互視對方爲行走的食物。假使現在被迫要過一天畜生道的生活，我們絕對無法忍受，也絕對不會想留在那裡過這樣的生活。

因爲目前我們記不得自己曾有過三塗苦的直接體驗，所以必須深刻思惟投生惡趣的後果。我們應以最久的時間鮮明地想像投生某一惡趣的情況，直到這思惟在心中生起巨大的悲哀與絕望。

從未笑過而被稱爲「黑面人」的偉大上師——朗塘巴，便曾因對劇烈的苦苦有強烈感受而無法自已，他曾因看見並親身感受惡趣有情的苦而淚流不止。只要能鮮活地感受惡趣之苦，想像自己投生惡道的景象，對苦苦就會有深刻的感受，並對不幸投生三惡道之有情的境遇眞正感同身受。

善業斷苦苦

想到我們也可能墮入下三塗，實地經歷如此悲慘的肉體痛楚，實在應驚懼怖畏、全身顫抖。一旦了解自己若意外投生為惡道眾生，絕無法忍受這種痛苦，那麼面對這種真實的可能性，我們全身一定會被非常強烈的恐懼所衝擊。

若能生起這樣的震撼與戰慄，會非常有助於佛法的修行，因為它會讓我們生起強烈的出離心。若能真正思惟世間諸苦，除了悲泣，你必將無暇做其他事。現在我們連小小的針扎或一點小火花都無法忍受，更何況是毫無間斷的惡趣之苦。這就是苦苦、苦的累積，以及苦又生苦。

對惡趣之苦若能感同身受，尚須進一步了解感召這些苦境之因緣。這種理解會進一步引導我們斷除這些惡因及業緣。當照見驅使眾生墮落惡道的惡因及業緣，並對惡趣苦感同身受時，就能真正捨離它們。

既已明白使眾生遭受這些苦報的原因，從現在開始請盡你最大的努力，別再執著於世間，為了能真正生起出離輪迴的決心，你必須對三惡趣苦的本質有這樣的內在體驗。

諸未能行者　自種惡趣因

如何做才能遠離墮落三塗的惡因？瞋怒會直接感召墮落地獄道的果報，所以每當要生起瞋恨心時，請立即清楚地

想想此惡因會使你墮落地獄道。生起慳吝心時，請好好想想慳心會造下驅使你投生餓鬼道的惡因。每當愚癡、疑、迷惑打亂心時，請記得這樣會造下使你投生畜生道的惡因。你可以從這種法門下手，從一種非常重要的角度來修習正知與正念。

假使真能思惟、禪修輪迴世間的本質，我們怎麼還會讓自己累積會遭受這些苦報的惡業呢？若害怕墮落畜生、餓鬼、地獄三惡道遭受苦報，為何我們不從現在就開始種下會感召善果的因，不再自尋通往惡趣的不歸路？眾生總是不自覺地忘記這樣的警惕而繼續作繭自縛，這不是很可悲嗎？

若能好好仔細思惟三惡道的極大苦楚，自然會生起深切的迫切感，盡力不再造作絲毫會墮落惡趣的惡業。明白這些真相後，你絕對不會如以往般依然故我，而是會尋求對治的方法。

輪轉誠可憫

札巴・堅贊問我們為何不認真尋求對治的方法，努力約束自己不造作驅使人墮落三惡道的不善業，卻一直種下投生惡趣的惡因呢？

在現實生活中，犯下極大惡行的人最後的下場往往是被

關進監獄。而大多數眾生卻往往昧於因果，不斷累積使下一世身陷惡趣牢獄的惡因。這豈不是非常悲哀，幾乎要讓人笑出來，因為我們簡直不敢相信眾生竟會如此愚癡。這是感召巨大悲苦的一大原因。

所以我們不僅應聽聞、理解並開始深信三惡道之真相，且須思惟、禪修惡趣之苦，好讓自己真正生起強烈的出離心。這出離心必須強烈到使我們對任何會讓自己遭受苦果的行為感到極端厭惡。因此我們必須不計任何代價，盡己所能地約束自己，不去造作會感召三苦之首苦苦的惡業。

壞苦

思壞苦而知
天人淪惡趣
帝釋轉凡夫
日月終趨闇
宙王生為奴

接著看第二種苦──壞苦。苦苦包括惡趣的一切悲苦，壞苦卻是未脫離生死輪迴的善趣眾生必須經歷的苦。

札巴・堅贊說若要思惟壞苦的意義，可先僅觀察一切眾生的無常本質。雖然今天我們全部聚集在此，但終有一天

沒有任何人會繼續留下來，我們終將分離而繼續過自己的生活，而這次共修會也可能就如從未發生過一般。

天人淪惡趣　帝釋轉凡夫

投生善趣的眾生最後墮落惡道，這種例子實在不勝枚舉。即便是自認為造物主的大梵天⑧，或統領這器世間的三十三天天主帝釋天⑨，也有相同的壞苦。

雖然祂們目前或許享受著巨大的財富與歡樂，似乎會永遠過著這般舒適的生活，但其實有一天善業消盡時，祂們也終將投生惡趣，被其他眾生驅使奴役。

日月終趨闇　宙王生為奴

再看看投生為日、月神靈的神祇。佛典中所描述的日、月並非星球，而是眾神之子，祂們就如我們這世界的君王，居住在巨大的土地上，擁有驅散黑暗、照亮世界的力量，而且祂們的天宮能散發出如太陽光的光芒。但將來祂們也會無可避免地投生到伸手不見五指的黑暗處，屆時連螢火蟲般的微光都無法散發出來。

壞苦是必然的結果，無可避免。即使是最具威力、權力而能統治宇宙的君王，日後也會投生為奴隸而身陷牢獄。他們將被迫成為搬運工或行乞度日，再也無法奪回昔日的

地位與財富。無論國王、宰相或總統，所有達官貴人有朝一日都會有同樣下場。今天他們或許擁有巨大的權力，但明日可能便會成為無助的階下囚。

善趣眾生無法保證自己能永遠享有高貴的地位，因為諸行無常，萬法終有壞滅的一天。無論歡樂持續多久，也不會永遠存在，當善報已盡，快樂結束時，順境往往轉為逆境，開始承受苦果，執著以前財富地位的眾生便嚐到壞苦。

上至統治世界之最高君王的無上歡愉，下至凡夫眾生的小小快樂，一切樂境都是不安定而無常的，終將消失不復存在。從得到快樂的那一刻起，它們便已開始從我們的指間悄悄溜走。這就是壞苦。

眾生雖然可能往生善趣，但假使不在有生之年以各種善巧方便持續行善，那麼即使目前能享受短暫的歡樂，所有善業也終會耗盡。當所剩的最後一點善業耗盡時，因未曾把握機緣善巧累積增上生的善業，會被迫經歷墮落惡道之苦。

佛說此法教　凡夫不能了
自觀人間相　富強變貧弱
歡場成荒台　超乎於想像

佛說此法教　凡夫不能了

　　儘管有人對萬法無常的教理深具信心，因為這些教言出自經典，為佛所說，但一般人仍不能接受這樣的教法，甚至無法探究無常本質的深層含意。雖然佛陀已十分詳盡地說明這些道理，我們卻仍無法使他們理解。

自觀人間相　富強變貧弱

　　札巴‧堅贊說，若在了悟萬法無常的變異本質時遇到困難與障礙，應利用一些時間，觀察人間無時不在發生的變異。你們可觀察周遭的例子，看看那些曾擁有巨大財富後來卻一文不名的人。有些人或許曾擁有一切，卻因境遇突然改變而窮困潦倒，甚至連吃穿都成問題。

　　你們也可依相同方式想想那些擁有權勢、聲望極高的人，最後變得虛弱無助，原來的崇拜者再也不把他們放在眼裡。再想想那些曾叱吒風雲的大人物，最後也成了沒人搭理的小老百姓。同樣地，也可好好思惟多少親密的摯友後來卻成為末路仇敵。這些壞苦的例子舉目皆是，不勝枚舉，我們都曾見過。

　　你們也可觀察自己的境遇，曾經眾人聚集的所在而今門可羅雀，龐大家族的成員一一凋零，最後僅存一人尚存於世。或許你會回到曾經非常熟悉的地方，卻發現以前認識

的人都不在了，其他人早已取代他們的位置。看看那些曾為萬人景仰的達官貴人，現在身邊卻空無一人，再也沒有人會去注意他們。以前人人都要聽從他們的命令，後來卻沒有任何人將他們放在眼裡。若眞的想看的話，周遭就有無數的例子，讓你看見壞苦和無常的實相，這樣的例子實在太多了，無法一一列舉。

因此，若能將這些教理應用在自己身上，想想自己的人生，會非常有助益。你們可深刻觀察，回想自己曾經歷過的所有改變，好好想想自己的健康、體力、人際關係、幸運與不幸等。

歡場成荒台　超乎於想像

這些思惟課題都是壞苦的典型例子，經典中早有記載，壞苦是眾生共有的苦，也是身爲人類的我們要承受的苦。如此的探究讓我們照見人間萬象無常不定，世上沒有任何一種可確定永保歡樂的環境，值得令人汲汲追求。因爲擁有時，它們就注定要消逝。萬法無常，無有恆住，因此我們都必須經歷壞苦。

萬法變異本質的例子實在太多，不勝枚舉，任何有情都不能躲過諸法無常的捉弄。無論經歷任何樂境，它們都只能維持一段時間，任何事都無法持續很久。當樂境消失，

再度遭逢苦境時，就體驗到壞苦。

　　無常教法是修行者的一大支撐力量。在修行初期，無常的實相將會激勵你進入修行道。進入修行中期時，它會使修行更加圓融無礙。請記住，觀修無常所得到的任何了悟，都會提醒我們更加精進用功，否則禪修時很可能會忘卻原來要做的事！最後，無常觀將幫助你證悟心的真正本性。

　　雖然我們現在聚在這裡，但有一天不會有人繼續留下，我們會離開各自過自己的生活，而這聚會也會好像從未發生一般。因此，要思惟萬法的變異本質，並透過此思惟，捨離任何對存在之境執著的可能。

　　最重要的是，遇到任何使你更加愉悅的轉變時，千萬別被這種樂境所牽絆。相反地，最好能在這種緣起而短暫無常的快樂生起的當下，立即捨離對它的執著。這是最重要的一點，我們應以這種法門來思惟、禪修壞苦。

行苦

　　思一切行苦
　　知行無有盡
　　眾寡及貧富
　　皆有遷流苦

雖然已思惟過苦苦和壞苦，但人類最主要的煩惱還是第三種苦——一切行苦。即使能對治壞苦，依然無法逃脫一切行苦。

思一切行苦　知行無有盡

這話怎麼說呢？首先，札巴・堅贊說，不論完成多少事，我們永遠不會說已完成所有的工作及活動，會有種無止盡的不安，總覺得仍有什麼事要做，還有某種必須讓自己保持忙碌的理由。我們的行為造作不但未能增長滿足感，反而會讓自己覺得一定不能停下來。

諸行無常，我們因不明白這道理而淪為無止盡的俗務之犧牲者。不論是否真能從行業中得到任何真正滿足，我們已淪為鎮日追逐永無止期的世俗瑣務之犧牲者。這是一切行苦的重要意義之一。

若要理解此一道理，必須先思惟總有一些事必須去做的那種苦，以及心頭老是被許多事占據的苦。身為人類，我們知道從未有任何一段時期覺得諸事已辦並對自己的努力感到滿意，而且缺乏急流勇退的智慧。不論為自己心中想出的許多事付出多少心力，它們是否會有真正完成而結束的一天？到頭來事情永遠做不完，直到有一天我們自己停下來為止。事情似乎從未因你去做而完成，似乎只是因不

再去做而結束！

在了悟絕不會因做更多事而得到更多滿足之前，至少不該爲了保持忙碌而逼迫自己做事。無論付出多少心力，事情永不會了結，這是世俗活動的眞正本質。

所以世上沒有任何事會因我們花費心力而眞正完成，只有當不再管它時才會眞正結束！世俗活動沒完沒了，終日追逐這些無意義的事，永遠無法帶來任何滿足，難道這眞相仍不能使我們提起勇氣及時喊停嗎？唯有改變自己，不再執著世間時，才會在自己身上找到放下一切的謙卑與勇氣。

衆寡及貧富　皆有遷流苦

札巴・堅贊要我們思惟的下一件事是，不論出現在生活中的人是多或少，似乎都不會令我們眞正感到適意。當生活中有許多人做伴，熱鬧非凡時，你會有許多人際關係衝突之類的「人的問題」。若你形單影隻，親朋寥寥可數，則似乎會寂寥空虛，而你也會缺少完成理想的支持力量。

財富也無法使人擺脫此種處境，無論家財萬貫或兩袖清風，這都不重要。貧窮時，我們會追求財富，擁有時，我們又會設法如何保有它們。世上沒有人會只因變成富豪就得到眞正的快樂。富豪所受的苦和窮人一樣多，當人得到財富時，不同的問題也開始潛藏其中。

若審視這件事，你將發現富有代表快樂而貧窮代表不快樂的推論並非事實。第一，富豪為獲取財富可能造作許多惡業，擁有財富後又疑神疑鬼，日日夜夜看守財產。因覺得需要積聚財物，所以他們可能成為慳吝的人；因心中充滿憂慮，總是懷疑別人的動機，財富因而變成無法逃脫的牢籠。

　　富有者雖擁有財產、動物、奴僕等，但其憂心也會隨財富而生起。不僅如此，我們不禁還要問，既然富豪所汲汲營營的財富與地位正是其苦因，他們如何才能讓苦止息呢？貪求財富並未帶來安樂，反而加重他們所受的苦。

　　窮人也同樣不會快樂或滿足，因為必須不斷謀取財物，期盼某種事物能為其所有，好減輕貧窮之苦。他們也可能老是垂涎別人的財富，祈願只要擁有這個或那個就能更快樂，卻不了解是否擁有財富並非快樂與否的原因。

　　我們都昧於這些真相，因為一切諸行苦，行苦無所不在，無人有聰明才智擺脫這些生命實相，並無視於這些無可避免的處境而得到真正的快樂，這是一切有為法 [10] 的本質。每個人都有構成生命的諸蘊以及住於其中的識，它們同樣無法擺脫宇宙的實相——苦。

　　　　窮畢生準備　準備時死亡

命終仍不止　來世又準備

世間集諸苦　執著者可憫

窮畢生準備　準備時死亡

　　既然一切有爲法皆遷流不息，無有恆住，不得安定，爲
何還要將生命浪費在永無休止、無法帶來任何滿足或覺悟
的無益爭逐？無論花費時間精力追求的是財物、教育或任
何事物，不論會花費多少時光，準備工作永遠都不會眞正
結束。今天必須爲明天作準備，下週來臨時又要爲下一週
作準備。

　　花如此多時間準備，其實只爲了準備更多事情，不是
嗎？從此觀點來看，我們不就是因爲迷失在準備中，最後
終於白白浪費掉一生？我們的人生全都投入最後並未完成
的世俗活動上。正是這層意義使我們了知從事世間活動徒
勞無益。

　　一般人的一生就是如此，全部消耗在計畫這個、準備那
個，即使是臨終那一刻也未眞正完成工作，因爲又展開另
一件新工作──死亡！這些無休止的計畫只在死亡的那一刻
引領我們到人生的最後關口，我們必須跨越它而展開另一
次生命旅程，再度被永無休止、從未在過去世帶來任何恆
久滿足的忙碌所糾纏。

命終仍不止　來世又準備

若剛了結的此生，並未因所做的一切而帶來真正的滿足與喜悅，那麼展開另一次人生對我們又有何好處？即使走到人生最後一站，生命的結束也只是另一次準備活動——準備下一世！

死亡並未使事情結束，來生降臨時我們又會有數不盡的事要達成，它們又會如過去生一般，永遠不會有完成結束讓人得以休息的一刻。因此札巴・堅贊談到收斂自己的必要，他告訴我們必須捨棄所有的世俗活動，放下一切無法真正到達任何目標的攀緣。為何我們不能暫停腳步認真思量世俗活動是否真的有意義呢？

札巴・堅贊的這些闡述，都在向我們揭示增長出離心的重要。對工作的執著是必須捨離的重要項目之一，若我們不為自己的世俗活動畫下句點，它們永遠不會自行結束。當不再執著時，我們也到達遠離悲苦的境界，否則這境界永遠不會出現。

世間集諸苦　執著者可憫

世俗活動無常短暫，其實毫無任何意義，了解這些真相的人也了解從事這些活動其實是飛蛾撲火，只會為自己累積更多苦果。想到大多數眾生無法看清此一真相，實在令

人感到非常悲傷與同情。非但如此，他們還使盡一切身、口、意的精力從事終將一無所獲的世俗瑣務。

人由五蘊所組成，一切有情也是眾多因緣和合而成，都必須承受三苦之中最微細的苦——行苦。一切行苦比較微細，因此也比其他兩種苦難以領悟及克服。這種苦並非那麼容易察覺，而且無根本對治或減輕的方法。若對勝義諦沒有些許了悟，一切行苦將非常難以對治。

輪迴世間無一事確定或值得依賴。死亡可以確定，不過我們非但未認真思惟它，而且很少想到它，還不斷累積會將自己帶到更不可靠、更不安定之依報的惡因。無人能確定自己可以活多久，死亡時也無法確定自己會往生何處。除非我們能如理遵循佛法的教導，否則無法保證自己不墮落三惡道。倘若未如理依循法教，將來很可能墮落惡趣，因為我們總是日復一日不斷地造作墮落惡道的惡因。

至此已直接揭示輪迴世間的過患，同時也相應於因果律而間接指出應奉行和應捨棄的行為。

深信因果，改變自己

文殊菩薩的第二句教言以及札巴·堅贊的論釋明白描述輪迴的過患，並暗示佛法所教導的因果律，我們所受的苦

全都與自己所造的不善業有關。因此必須徹底轉變使自己累積惡業的業習，去惡向善，增長善業以扭轉過去所累積的不善業。

對因果律要有絕對的信心，無論做了什麼，一切善業必將成爲殊勝的安樂之因；邪行會造作不安樂的因，一切惡業必將感召不安樂的苦報。因此必須學習明辨因果關係，透過這種明辨，學習如何約束自己不去造作惡因，並努力造善業以累積善因。

除非你對因果律的法教有親身內證，並因此明顯地改變自己身、口、意的各種不良習氣，否則對輪迴的過患不會有太多眞正的證悟，這是重點所在。得到這種證悟的唯一方法是了解何種行爲必須奉行或捨離、斷除。

這些思惟全都是爲了讓我們認識輪迴的痛苦本質。三界無安，無論天界的天人或最苦的地獄道有情，無論是否三苦俱全，六道眾生至少都要承受其中一苦或二苦。爲了增長堅固的出離心，我們應好好想想前述的例子，認眞禪修思惟三苦。

當我們斷除對世間的執著，不再貪著永無休止的世俗活動時，便能超脫世間，不再爲世間的悲傷痛苦本質所苦。當我們不再執著世俗行爲或此生、此世間時，超越悲苦邁向摧破一切內在怨敵的涅槃，將不再是遙不可及的夢想。超越悲苦

表示止息一切煩惱，它們是潛藏於人裡面的內在敵人。捨離執取、貪著、固執，最後將引領我們到達離苦的境界。

若能了悟世俗事務徒勞無益，全都無法帶來究竟的安樂，我們就會約束自己不造作只會感召苦果的惡業。而知道如何約束自己不造作會感召苦果之業行的人，必定也會恪守亙古不變的宇宙真理——因果律。

注釋

① 有漏法：「漏」指煩惱，有漏法即為有煩惱之法，即一切因緣和合所生的有為法。

② 世間六道：生死輪迴中的六種生命狀態，其中天、人、阿修羅為三善道，地獄、餓鬼、畜生為三惡道，合稱「六道」。

③ 欲界、色界、無色界：生死輪迴眾生的三大境界。欲界為人、畜與惡道眾生以及欲界天人所居的世間，此界眾生有身、色以及淫欲、食欲等欲望，故稱「欲界」。色界眾生無淫欲、食欲，但尚有形色，故稱「色界」，此界包括四禪諸天。無色界非但無淫、食二欲，也無物質形色，眾生純以心識住於甚深禪定境界，此界包括四空天。

④ 中陰身（bardo）：字義為「介於兩者之間」，即中間的過渡狀態。中陰身的種類有許多，但最長提及的是介於死亡與投胎之間的過渡狀態。

⑤ 三有：三有即欲有、色有、無色有，意義同欲界、色界、無色界三界，此處之三有是指上、中、下三界的分法，上界為神靈所居的世界，中界是人、畜共處之處，下界則是亡靈聚居之地。為了與一般所稱的「三界」有所區別，因此譯為「三有」。

⑥ 地獄：譯為「不樂」、「可厭」、「苦器」等。其依處在地下，因謂之地獄，共有八熱地獄、八寒地獄、近邊地獄、孤獨地獄等共十八種，它是造惡者投生的場所，投生此處的眾生將受到種種極端的折磨。

⑦ 餓鬼：是指受著饑渴苦迫的眾生，有無財的、少財的、多財的三類。

⑧ 大梵天（Brahma）：色界初禪第三天，自稱世界萬物皆其所生，自己為宇宙萬物的根本因，統領大千世界。

⑨ 帝釋天（Shakra or Indra）：音譯為「釋提桓因」或「因陀羅」，即中國民間信仰所稱的玉皇大帝。祂是忉利天天主，也是釋迦牟尼佛的主要護法神。

⑩ 有為法：指有作為、有造作，一切因緣和合所生的無常、有漏之法。

若執著此生　　則非修行者

若執著世間　　則無出離心

若執己目的　　不具菩提心

若執取生起　　即非正見地

第 **5** 章

執著己目的

若執己目的　不具菩提心

自求解脫·令人羞愧

離執證涅槃　證涅得安樂
親證宣此頌　遠離四執著

自解脫無益　三界諸有情
父母若受苦　求自樂可憫

親證宣此頌　遠離四執著

　　札巴·堅贊告訴我們，他想進一步講述「遠離四種執著」證道論頌。這幾句偈頌闡述文殊菩薩向薩千宣說的第三句頌文，札巴·堅贊說為了證得涅槃，我們必須增長不執著的心，意指我們必須真正遠離在此所討論的這些執著。為了幫助我們體會如何獲證涅槃，他必須進一步自然表露自己的禪修體證。

　　到目前為止，我們所思惟的法教應能使我們生起必須出離世間與解脫輪迴的迫切感。札巴·堅贊說只要能出離輪

迴，就能證得涅槃而得到安樂。但現在他又問我們，獨自證得涅槃之樂有何利益？

自解脫無益　三界諸有情

札巴‧堅贊的問題表露他的證悟智慧，他說獨自證得解脫根本沒有任何利益，不是嗎？成為第一位抵達覺悟「終點線」的人，究竟能得到什麼？若世間仍充滿苦難，獨自證得菩提又有何利益？一切有情都曾是我們的慈母、慈父，我們卻將他們捨棄在三界輪迴中繼續受苦。無視於眾生現在所受的苦，只求自我解脫，真是令人感到悲歎！自己證得正覺，卻將一切母有情①捨棄在充滿悲苦的密林之中，不是會讓人感到非常羞愧嗎？所以只求自我解脫的人實在讓人憐憫。

因此札巴‧堅贊鼓勵每位到達此一修行次第的人，重新反省自己的目的，別只為尋求自身的永久安樂而出離世間。他提醒我們，現在必須更深刻地檢視自己尋求解脫的動機，直到會因只求自我解脫的自私想法而感到悲傷甚至羞愧。

寂天菩薩在《入菩薩行》中說，無知的小孩只追求自身的利益，真正覺悟者卻將一切奉獻於謀求眾生的安樂。尊貴的聖者遵循的是無私利他的聖道，因而體證真正的覺

悟，得到真正的解脫。

相反地，不成熟的眾生無時不在擔憂自身的利益，反而讓自己身陷輪迴的泥沼中無法出離。若想了解利己私心的過患和利他心的功德，所產生的果報有何差別，只要比較如小孩般無知的眾生和已完全開悟的聖者，一切就清楚顯露無遺。

毫無疑問，我們不願承受卻必須承受的一切苦，都是由於利己的私心。只要看看那些一心追求自身福利的眾生，即知其追逐幾乎未曾間斷，卻從未因而得到任何永久的安樂。再看看完全覺悟的聖者，為了利益有情終日奔忙，卻早已成就殊勝的佛果而得到究竟的大樂。

惡道的所有苦，或在人生中可能經歷的一切困難與痛苦，以及三界中可能存在的所有其他苦，全都是由於珍愛自己甚過珍愛其他有情。即使未來能再度得到寶貴的人身，我們仍會有病苦，遭遇同樣的逆境，相同的人生難題都會再度重演。這些問題都源自我們的心，因為落入自己的煩惱之籠中，不斷地追逐無明、執著、厭惡，執著所愛的人，厭惡不喜歡的人，對不在意的人則一無所知。這些態度都會產生我們不願意承受的苦。

教法進一步告訴我們，我們經驗過的所有快樂，不論短暫或長久，都是由於慈愛的利他心。假使一切所為只為自

己的目的或目標，我們定會因而受苦；若一切付出都是爲眾生的利益，最後定能品嘗安樂的果實。當我們追逐自身的福利時，必定會落入無明、執著、厭惡三種心毒煩惱之中，不是嗎？所以追逐自身的利益，只會爲自己製造出更多的苦。

即使是修持佛法，若只爲自己的利益，也一定不會得到圓滿的解脫。僅僅追尋自己的解脫，最後定會一無所獲。所以文殊菩薩的第三句頌文不但極力讚歎利他的功德，而且教導我們一味追求個人酬報絕對無法獲得究竟的利益。相反地，諸佛菩薩一再教導我們一定要將自己奉獻給一切眾生。寂天菩薩的《入菩薩行》與許多其他法教，都明白教導此事。長久以來，我們總是習慣於設想自己的利益，而如此的努力卻從未眞正成功過，所以現在是否應換個方式重新思考這件事？

因此諸佛菩薩進一步教導我們，應從根本上改變自己的優先目標。我們不應將自己的利益列爲最高優先，應將其他有情的利益放在自己的利益之上，且必須將它視爲最重要的事。若一切苦都由於自私心，其最終無法帶來安樂，只會帶來苦痛，那麼認眞考慮諸佛菩薩指引的這項學處逆向而爲，對我們並不會有何害處，不是嗎？

因此，札巴‧堅贊繼續揭示長養利他心的重要，他說應

發願利益一切有情，而這也是我們修學佛法的真正理由，這種利他心遠比只求自我解脫要殊勝得多。事實上，證得自身的解脫應被列為修學佛法的最後目標。

札巴‧堅贊也告訴我們，為利益一切有情而發菩提心，不但能利益其他眾生，也能為自己帶來利益，一切的用功與努力，最珍貴的價值就是這顆利他的菩提心。因此從現在開始我們應下定決心堅定不移地追尋它。

父母若受苦　求自樂可憫

印度大師月官 ② 也在其著作中徹底闡釋札巴‧堅贊吟誦的這些見地。他說每當想到證得個人的解脫時，便感到非常羞愧，若再繼續如此想，就永遠不想再看到自己的臉！甚至只要一想起捨棄母有情而尋求個人解脫就會令他覺得羞愧無比，發誓絕不再想這件事。所以他決定修正自己的發心，根本地改變自己尋求解脫的動機。

因此文殊菩薩對薩千‧貢噶‧寧波宣說的第三句教言，總而言之就是增長珍貴的利他心——菩提心。我們應生起菩提心，發願要使一切有情從苦中解脫，並幫助他們成就究竟的菩提果位。當我們皈依三寶進入佛道時，三寶便曾教導我們皈依之後必須生起善心以及為一切有情尋求安樂的悲心。月官說，我們應重新衡量自己的動機，而不要一味

地追求個人的解脫，爲進行這樣的思惟，他建議我們回想母親對自己的恩惠。

若要了解捨棄其他有情而尋求自身解脫的眞正意義，可舉一個非常清楚的例子來說明。這種自私之心就如一個人享受著巨大財富，卻讓自己的母親淪爲貧窮的乞丐，如此有能力的人卻對母親毫無感恩之心，拒絕報答她的恩惠，難道不應感到十分羞愧嗎？

這例子使我們明瞭，倘若行者能體認利他之心的重要，那麼當捨棄有情的想法生起時，良心定會感受同樣的痛苦。深刻思惟這例子，將使他們下定決心絕不追尋自私的解脫道。他們已下定決心，無論歷經多少生死長劫，也絕不尋求自身的解脫，因爲他們要一直留在生死中，直到一切有情都得到解脫。爲了荷擔如來家業，他們願將所累積的一切善業功德回向一切有情的幸福與安樂。

對一切有情生起慈悲心

一旦決定生起如此殊勝的心，就必須遵循一定的思惟與修行傳承如法修持。

最初必須先生起強烈的願心，希望自己能帶給其他有情快樂與樂因，這是修慈心。爲了生起願爲利益一切有情而成正覺的菩提心，必須先生起對一切有情的慈心。

生起慈心的第一步是思惟自己的母親，想想她對我們的恩澤。仔細思惟從懷胎至今，她施予我們的所有恩惠，爲了撫育我們，她不斷地付出，並將一切甜美的果實都留給我們。

　　當我們依循此方式思惟時，腦海將湧現驚人的回憶，母親的恩澤將會歷歷在目，我們將發現她是如何地關心我們，總是將我們最喜歡的事放在她的心中。假使眞的能如此好好思惟，所有的回憶將完全改變記憶中的母親，也會重新塑造我們和她之間的關係，這關係將會變得更加健康、親密，我們一定會衷心希望她能得到快樂以及一切樂因。

　　同樣的修持還可採用另一種方式──思惟母親對其獨子的愛。不論是兩種法門中的哪一種，首先都要增長眞實的感受，然後再慢慢地擴充，直到含攝一切有情。若如此的思惟進行得很順利，就會產生很有趣的結果，我們對自己的迷惑與執著將會大爲減少。當母親的幸福安樂成爲自己心中的第一優先，我們眞誠地希望盡一切所能使她獲得更多的安樂時，我們一定已生起了慈心。

　　希望母親幸福安樂時，自然會希望她所獲得的是究竟的安樂，不是無常的，也沒有壞苦，如此的願心將會增長我們的悲心。母親的苦，甚至她潛在的苦，都將成爲我們自己的苦。將自己當作她，用心感受她必須忍受的所有煩惱和艱難，就會增長感同身受的敏銳知覺，感覺她所有的痛

苦就如自己的苦一樣。這樣的覺受，會促使你願盡最大的力量消除母親的苦，並盡一切可能防止任何類似的苦再回到她身上。這是悲心的修持。

如此不斷地思惟，並訓練自己長養願母親能得到幸福安樂並遠離一切苦及苦因的願心，這就是在修持慈悲心，而這修持最後將使你自然生起利他的菩提心。願一切有情都能具足樂與樂因，並遠離苦及苦因，將會使我們生起這樣的利他心。這兩種願心的力量，使我們能慈悲雙運，這是利他心的意義。

經過這些思惟而從內心生起利他心之後，我們對母親將會產生令人驚訝的感情與親密感，一旦生起這種感覺，就可將它擴及到一切有情身上。這樣的禪修思惟會不斷地繼續往前進展，我們會不斷地擴展這種交融著愛、感恩心、悲心的感覺，直到擁抱一切有情。我們可擴展這樣的愛與慈悲，因為無始以來所有眾生都曾是我們的慈母，正如許多祈願文中的這句皈依文：「我願為一切母有情而皈依。」

這種方式能使人真正生起菩提心，一旦喚醒菩提心，這樣的深心將使我們擁有前所未有的驚人耐心，並賦予我們前所未有的力量與勇氣。當我們增長出這深層的感受，決心要讓一切有情遠離苦及苦因時，表示悲心的修持已在心中深深地扎根。

喚醒殊勝的菩提心

趕走捨棄有情這種羞恥的想法，並發願報答眾生恩，就會生起利他之心。它將喚醒殊勝的菩提心，生起發願要讓其他有情遠離痛苦並使他們安住圓滿佛果的菩提心，這不只表示我們願不斷地爲其他有情尋求幸福，也表示願爲他們犧牲自己的幸福與安樂。

若要生起菩提心，就必須成爲修行者，並將我們談論持誦的教言謹記在心。我們也許只是口頭說：「我所做的一切都是爲了一切眾生」，但行爲卻沒有與這句話相應，如此言行不一，表示我們並未生起眞正的菩提心。

所以最初我們應先生起強大的願力，然後再以實際的行動來實踐。菩提心可分爲兩種——世俗菩提心與勝義菩提心，前者包含願菩提心和行菩提心③，後者是談到文殊菩薩的第四句頌文時所要討論的主題。

世俗菩提心的內容是關於最初的修心方法。我們必須徹底修持它，當利他思惟成爲習慣後，它也會成爲我們心思的自然趨向。這趨向會產生強大的願力，使我們發願將一切善業功德回向一切有情同證佛果，無論功德是多麼微小，這就是願菩提心。若要做更深的領悟，菩提心可說是廣大的心，這顆心是如此的廣大包容，因爲它要擁抱一切有情。

若能仔細思惟這些事並謹記在心，就能將自己的一切善業功德回向利益其他有情。目前我們都是比較習慣於自私的想法，因此應祈願自己能捨棄自私心，並轉化自己去珍愛其他有情的幸福安樂。其中很重要的事是功德回向——願將所造的一切善業功德利益回向給一切眾生。將累積的一切善業回向給其他眾生的利益，也是「自他相換」法門的一部分，這是長養真正菩提心的下一個步驟。

印度的佛教班智達月稱的《入中論》④，開宗明義就說聲聞乘的阿羅漢和緣覺乘的辟支佛，都是從佛所說的教法中誕生。月稱說，成就大乘佛道諸地菩薩果位的原因有三：第一是悲心；第二是了悟我空與法空的智慧；第三是菩提心，包括世俗菩提心與勝義菩提心。月稱最後說，圓滿的佛果都是自菩薩證得。

他的這幾句話相當簡要，意義卻非常廣博，他和其他論師都曾為它們做過廣泛注釋。根據現存的文本，月稱也明白指出不具菩提心絕對無法成佛。

修習「自他相換」與「施受法」

願受三界苦　　諸善歸有情
願功德加持　　普皆證佛果

三界的一切有情都曾是我們的慈母、慈父，就如你此生有生身父母般，一切有情也都曾是你的父母。若想認識自己和所有眾生之間深刻的緊密關係，必須對這件事有相當的領悟。若能如此，那麼將所摯愛的人全捨棄在輪迴中受苦，將會成為一個大笑話，現在應很明顯了。

假使我們對佛所說的這些話沒有信心，真的會很悲哀，我們只會照料、愛護自己，這有什麼了不起？相反地，我們應設法將一切有情從輪迴之苦中救脫出來。為完成這項大願，必須先學習將其他有情看得比自己更重要。

願受三界苦　諸善歸有情

這項法門如何修持？一旦生起真正的利他心，就能以這發心為基礎，如理思惟禪修自他平等的平等心。因此除了增長慈悲心，我們也要生起功德無量的平等心。

為了生起平等心，必須體會一切有情都和我們同樣希望獲得安樂，不想受苦。這種思惟可使我們站在他人的立場上感受他們的處境，並思惟自己和其他有情共通的地方與平等的關係。這是平等心的修持——思惟自他平等。

修習平等心，使我們有能力真正的自他相換，願意以自己的安樂換取其他眾生的痛苦。學習以己之樂交換眾生之苦，你就會開始生起真正利他的菩提心。菩提心必須真正

地被生起、喚醒，最重要的是不可爲了打動或影響別人，故意假裝慈悲，而心中卻無伴隨外在行爲的眞實感受。

行菩薩道的行者會祈願：「願其他有情的一切苦報都成熟在我身上；願我的一切安樂都分享給其他有情。」偉大的噶當派傳承祖師都是修持這種法門的不思議行者。

有個著名的故事，說某位噶當上師有次看見某人拿石頭砸一隻狗，當時這位眞誠修持自他相換的上師立刻大叫了一聲，從法座上跌下來，彷彿他眞的受了傷。當石頭打到狗時，上師叫了一聲：「哎唷！」並跌下法座！當時大部分在場的人都以爲他是假裝的。但事實上打到狗肋骨的石頭眞的使這位上師的肋骨部位產生瘀青。這是因當時他正潛心修持承受其他眾生之苦的法門，有能力將狗的痛苦轉移到自己身上，使狗因而不必受苦。所以這修持可使我們有能力放棄自己的安樂而眞正減輕其他有情的痛苦。

人們有時會害怕進行這種修持，以爲若將其他眾生的苦招到自己身上，可能會使自己生病或受苦。但事實並非如此，你能觀想吸收和感覺的苦愈多，所增長累積的功德和智慧也會愈多。自他相換法修持有成的行者能眞正地觀想並承受其他眾生的苦。

因此，受苦者不會受到傷害，取受有情之苦的行者也不會因此受傷。那位上師身側的瘀傷只是這項修持的一個徵

象，事實上他並未眞的受傷。菩薩在進行這種行持時欣喜若狂，因爲他們有機會實現自己的悲願。這才是眞菩薩的功德。

這種幫助眾生的力量人人本具，但若要眞正行使自他相換，一定要對這項法門有相當的修持！然而光是希望得到這種能力就已具有非常大的利益。

首先你必須發願，並眞實地感受它，以後就能眞正實現它。爲體驗其他眾生的苦，我們必須設身體會他們，感受其所感受的一切。佛經中有位很有名的常啼菩薩，因爲對眾生的慈悲心非常強烈，所以每想起一切有情所受的苦就會忍不住淚如雨下。依這種方法設身處地感受其他眾生，就能了解他們也希望沒有痛苦。

爲了斷除任何苦受，必須先知道苦受的因，苦因即是惡業，亦即身、口、意的十不善業。所以佛陀教導我們，他所說的一切法只有「因果」二字。身爲追尋菩薩道的凡夫，看見其他有情受苦時應先學會設身處地感受其苦，或許還會看到一些使其受苦的因，之後要祈求並發願，希望自己能使他們從苦及苦因中解脫。

如此的祈求與願力具有相當大的力量，因爲單靠我們的祈願就一定能使受苦的有情得到幫助。依我們目前的修持，可用此方式幫助其他有情。

我們說過，這種修持是先從思惟自他平等開始，將自己和其他眾生放在平等的地位。開始時先了悟所有眾生都和我們一樣希望安樂，希望沒有任何痛苦，這部分的修持並不困難。自他相換的修持就比較有點挑戰性了。

首先我們應訓練自己依循指導來禪修這項法門。有天我們一定真的能夠承擔其他有情的苦，就如故事中的噶當上師為被石頭打的狗所做的一樣。這種禪修法門相當困難，有誰真的願意以自己的快樂去換取其他眾生的痛苦？然而若你願意用心體會這種法門的精神，給自己一些嘗試的機會，就會開始看見它的功德。一旦你看到這種偉大行誼的利益，自然會被說服而發願要將它當作生命的職志。

諸佛菩薩的偉大心意可總結成一個大願：「願三惡道有情的苦，都成熟在我身上；願我的一切善業功德與安樂，都成熟於其他有情。」菩薩道的行者應學習布施自身的安樂並將其他有情的苦招引到自己身上。

這樣的願心會引領我們進展至「施受法」（tonglen）禪修法門，為了修持它，我們可持誦一些類似剛才所提的經文和願心。觀想自己的一切安樂和善業如同明亮無比的光向外散發，照亮一切有情；同時觀想一切有情的苦痛與不幸都被吸引到你身上。就如剃刀剃去頭髮一般，其他眾生的苦也從他們身上剪除而在你身上成熟。

剛才我們提過，有時初學者會害怕進行這種修持，以為它會帶來傷害。其實無須恐懼，這種修持絕對不會傷害到你，反而會帶來廣大的利益，你並不會因修持自他相換法而真的失去安樂。事實上你的功德和證量都會因此增長。為了成辦此事，光是祈願、觀想以自己的善業交換其他眾生的苦還不夠，你需要認真且真實地感受它。

當心經過一番徹底修持，無私的利他心已成為每天的心境時，便到達下一個修行次第，可試煉自己是否已有能力以實際行動實踐悲願，此即行菩提心。因此我們必須親身效法菩薩的六度萬行——廣行布施、持戒、忍辱、精進、禪定、智慧六波羅蜜。無論以何種方式廣行六度，這修持都將成為願心的試煉場與實踐大願的法門。

當開始發現自己的願心已化成真正的行動實踐於生活時，我們將會持續地深深感到滿足。這種感受將會進一步喚起利他大願的力量，並為它注入新的生命力，否則這願力很可能因無實際修持而消逝在時間的長河中。這些願心的實現會喚醒我們的心靈，鼓勵自己繼續不斷地生起更殊勝的利他心，並將這些心意散發到更多有情身上。

真誠利他心的生起與實踐，使我們能有效地幫助其他人，同時能淨化我們的惡業並累積功德。現在我們已討論如何透過願菩提心的修持進一步修持行菩提心。

願功德加持　普皆證佛果

最後，爲了生起眞正的菩提心，我們的行誼一定要和輕易說出的話相應。有智慧的證悟者爲了一切如母有情可犧牲自己的四肢，偉大的菩薩眞的有能力做到這件事。不過我們很清楚自己並無能力實踐這種捨身的菩薩行。

當我們快樂而擁有一切樂境時，仍會繼續修行；但沒有任何這類樂境時，我們便放棄佛法的修持。這種跡象就是缺乏菩提心，缺乏爲了使一切有情從痛苦中解脫願意盡最大力量證得正覺的眞正利他心。一旦開始任何修持，一定要在這條修行道上一路勇猛精進，不懈地走下去，直到抵達修法指引所描述的修行目標。

修持到生起利他大願並身體力行後，可以試驗自己的修持，更深入地修習以自身安樂交換其他有情的苦。這表示我們眞的想放棄自己的安樂承受其他有情的苦。我們可依札巴・堅贊的頌文祈願：「願受三界苦，諸善歸有情。」

依此文眞誠祈願並將之融入生命的行者，接著可透過「施受法」無畏地試煉自己的修行，觀想擁有的所有安樂以及此生造作的所有樂因，想想什麼使你感到歡喜、帶來歡樂，想想生命中所得的一切禮物和加持，直到對所收到的一切眞正感到歡喜與感謝。

感受這樣的感覺，想像它明亮如太陽光般，從心間對外

放射出光芒，照亮其他有情。你們可依此方式真心觀想自己的安樂、善業、功德都移轉到其他有情。這將進一步長養你在之前的修心法門中所修持的慈心。

完成這步驟後，再觀想自己承受其他眾生的苦。觀想其他有情的一切苦都已剪除，如同以鋒利刀片刮除頭髮一般。他們的所有苦都被剪除，並很快地被感召到你身上。讓他們煩惱的痛苦都已完全消除，並已如你修持悲心時發下的大願遠離了苦及苦因。你已在稍早的禪修次第中增長過悲心，現在則是悲心的進一步長養。

如此反覆修持施受法來增長自他相換的修持，修持自心使其養成與菩薩悲願相應的習性，希望其他有情的苦成熟在自己身上，自己的一切善業則給與他們，將自己修行的果回向一切有情，願他們都能迅速無礙地證得究竟佛果。若要深化修持上的證悟，光是祈願和觀想還不夠，我們必須在此一進階修持次第生起堅定不移的決心，發願要真正取受其他有情之苦並將自己的功德移轉給他們。

菩提心使我們有勇氣犧牲自己的幸福換取其他有情的幸福，隨時都能珍惜愛護一切如母有情，不會顧慮自身的福利，這才是真菩薩功德。人們可能會心裡想著說：「喔！我是一位菩薩。」但若行持未真正表現這些功德，行止未反映出聖者的殊勝特質，無論說什麼，一點也不像菩薩。

修持這這項法門時，效法菩薩行願的偉大行者已為我們寫下與菩薩精神相應的祈願文。願文的原貌是：

願三惡趣苦　皆成於我身
願善業功德　皆施於眾生

你必須先生起這樣的願心，在真正有能力將此事付諸實現之前發下大願。為了能依循祈願文修持，須先提起勇氣改變自心使其真的有所不同，甚至要能背誦這些經文。這是因為一旦祈願成真，你必須安然接受自己的命運！這是你的修行準則。

非但如此，你還必須發願積聚大量的功德與安樂，大到真的有東西可以給與一切有情，再發願讓所累積的一切功德利樂一切有情。如此的願心必須先透過祈願的修持予以增長，日後若真的有人拿走你的寶貴物品，你就不會感到絲毫痛苦，因為這正是你的祈願。

從自他相換法獲得證悟後就能隨喜自在地轉世到任何有苦的地方。一旦往生到那裡，就能為那裡的眾生減輕痛苦，並引導他們通往解脫。你轉世到那裡的原因並非因為業力，而是透過願力，你將有能力幫助那裡的眾生。菩薩都會祈願：「取受眾生的苦，並將我的功德給與他們，願此

善業能使他們得到解脫。」這些願心會擁有真正的力量。

　　詳盡列在薩迦派「道果」教法及其他傳承中的所有菩薩戒，都包含在這兩行願文中。若誓願守護眾生的幸福安樂，我們的苦必定會大為減少，安樂也必定會大大增加。因此札巴‧堅贊以菩薩大願總結文殊菩薩的第三句頌文，這段偈頌揭示了這句話的真義：

　　願受三界苦　　諸善歸有情
　　願功德加持　　普皆證佛果

至此已間接指示慈悲的觀修，它是菩提心的生起之因，同時也直接道出菩提心的果──自他相換。

增長菩提心，善業回向有情

　　總而言之，文殊菩薩的第三句頌文內容是放棄對自身目的的執著，因為不這麼做就無法行菩薩道。札巴‧堅贊談的就是「遠離四種執著」教法中的第三句頌文，強調增長菩提心的重要。

　　此外它們也指出如何利用慈悲心之修持來增長菩提心，同時明白地教導我們自他相換的重要。最後札巴‧堅贊提醒我們一定要將累積的一切善業回向一切如母有情。

若能將所揭示的願行列爲日常生活的首要大事，你將會發現一種安樂與滿足感，因而珍惜自己擁有的一切，無論它們多麼微不足道。因爲菩薩的願力會使我們能將自己擁有的一切回向利益一切有情。無論其他眾生的苦多麼可怕，有勇氣與決心的人也必定能以如此殊勝的菩薩願心勇敢地承受這些苦。

　　只有當解脫一切有情的願心眞正生起時，才可能成就正等正覺，證得佛果三身 ⑤。聲聞、緣覺等志求個人解脫的行者，有較小的發心，可得到較小的果位，當然證悟的層次也較不殊勝。

　　關於文殊菩薩的第三句頌文，到目前爲止我們所討論的都是有關世俗菩提心的修持。勝義菩提心的修持則是第四句教言所要談的內容，將在論釋的下一個講次中詳細討論。

　　就目前所討論的內容而言，尚未認識眞正心性的人只能修持自他相換，透過誦經、觀想與感同身受，盡己所能消除其他有情的苦。當然，假使你已認識眞正的心性，可以融合自他相換法和對心性的認識一起修行，這是修持自他相換法門的最佳方式。對心性稍有證悟的人可在生起見地時做這樣的修持。

　　就世俗諦而言，菩提心的覺醒過程是先發心爲利益一切有情願證菩提；再廣行六度萬行躬親踐行此一大願。發勝

義菩提心能了悟一切有情的本性本然清淨，毫無各種惱人的短暫心識之惑。事實上，所有眾生都擁有法性，亦即空性⑥，也都具備本覺⑦智慧——實相的明性之光。一切眾生的眞正本性，都是本初清淨，其作用勢能遍法界運作。眾生都具有這樣的本性，它本然常住，從未消失，只是眾生未認出它而已，認識出此一心性，即是發勝義菩提心。

因眾生本具清淨心性，所以都可以覺醒而成就佛果。事實上並無一法眞正存在，因爲其本質皆是空性。這表示從勝義諦來看，一切有情就本性而言其實並非眞實存在。眾生因誤執非眞實的萬法爲實有而爲無明所苦，然而諸法的本質其實是空性。認識本具之心性所得到的了悟，即是發勝義菩提心。

了悟這件事就能在虛空的空性中認識出本覺智慧，並自在安住於前念已滅、後念未生的本然境界，這是勝義諦菩提心，這教法描述利益其他有情的眞實究竟之道。若能依此法門如法修行，它將會是修持佛陀教法的最偉大法門之一。

注釋

① 母有情：是藏文轉寫 ma gyur sems can 的直譯，意思是：「一切有情都曾當過我們的母親」。

② 月官（Chandragomin）：西元七世紀時印度學者，也是一位出家比丘。曾跟隨安慧學習唯識，後來著述各種大乘典籍，致力護持教法，並曾與月稱論諍，其著

作包括《月燈注》、《入三身》等。

③ 為了利益一切有情眾生而立下誓願，稱為「願菩提心」；為了實現這種誓願所從事的正面行為，稱為「行菩提心」。

④《入中論》（*Madhyamakavatara*）：西元六、七世紀時印度中觀學者月稱的著作，內容是闡述龍樹的《中論》與中觀教理，不但破斥二乘與外道，亦破唯識和中觀自續派，可說是其所有有關中觀的著述中，最重要的一部著作。

⑤ 佛果三身：法身、報身、應身。「法身」是指佛所證得的清淨真如法性，也指佛所說的正法；「報身」是佛自受法樂或為菩薩說法之身；「應身」又稱「應化身」，是佛陀示現人間教化眾生的色身。

⑥ 空性：諸法（現象）皆因緣和合所生，因緣滅時法亦滅，雖現有相，實則無常住不滅的自性，其本質為空，是為空性。

⑦ 本覺（rigpa）：一切眾生本自具有的清淨佛性。

若執著此生　　則非修行者

若執著世間　　則無出離心

若執己目的　　不具菩提心

若執取生起　　即非正見地

第 **6** 章

執著見地

若執取生起　即非正見地

離二邊的中道法門

執取物自性　必不得解脫
執有無解脫　執空無天國
無明二邊執　歡喜住中道

　　現在要談的是文殊菩薩的第四句頌文：「若執取生起，即
非正見地」。最後這句頌文相當重要，為了闡明其真義，至
尊札巴‧堅贊繼續說，事實上，「無論我如何看待自己，我
都應安住在諸法本來的究竟實相。」他如此說道：「無論
行、住、坐、臥，我總是持續安住於實相的真如本性，安
住於心性的本來面目。」

執取物自　必不得解脫

　　札巴‧堅贊說，無論從事任何活動都必須持續安住於法
性。一切威儀行止之間，心片刻都不應離開本來圓融的法
界①。在此所談的是照見心性的本來面目，札巴‧堅贊的

指導學處是不可迷失此一覺知，而且不可執取固守任何事物。

若要證悟空性，絕對不可執取見地，這是最重要的教誡，這種證悟包括對「無生」② 的了悟。首先要了悟諸法非自生，亦非他生。再透過進一步的內證，安立諸法皆無自性，皆非眞實存在，連絲毫的自性種子 ③ 都不存在。萬法皆依因待緣而化現有相，無一法眞正存在或獨立而有，因此無須貪著固守任何事物。

爲何證悟眞正的心性，必須先如理地領悟這些？若無正知見，即使堅守正道，也會不小心迷途。因此必須先了解，若執取任何知見或了悟，絕對無法解脫。這也表示若固守與其他觀點對立的任何見解，也絕無法證得解脫。

例如，若落入佛法所說的「斷」、「常」二邊，連聲聞乘的聲聞果位或緣覺乘的辟支佛果位都無法證得。假使有這類的固守或執取，絕不可能不執著。若能安住於諸法本來實相，便可遠離「有」、「空」二邊執，也遠離了「是」與「非」的執著。

札巴・堅贊進一步解釋，執取有見，堅稱萬法實有常住者，稱爲「執常見者」。這種人顯然無法證得解脫，因他們堅信萬法恆常實有，所以無法爲自己找出另一條路，事實上，執取常有甚至會使人無法往生善道。

執有無解脫　執空無天國

若你執著自己本身為「有」，就會落入佛法所說的常邊，執取常邊便無法獲致解脫。若要證得解脫和菩提，必須了悟諸法實相──空性。因此若執取自身是真實存在的自我，或固守諸法皆有真實存在的自性，就絕對無法證得解脫或證得正覺。

相反地，若執取與常邊對立的另一觀點──空，就落入佛法義理所說的斷邊。執斷見者否認有解脫的可能，否認因果律，也不承認有來世，他們不會積極想去造作往生善道的因，遑論造作解脫因，因為他們相信萬法滅去之後便完全不存在。

執斷見者認為萬法終歸斷滅，不復再生，因而否定善業的功德，也不相信惡行會累積惡業，更不認為世上有是非善惡。這是最極端的斷滅論，因為它不相信因果，所以也最為危險。堅持此種邪見者無絲毫往生善道的機會，遑論解脫輪迴。

這種人既不可能往生善趣，也無法證得解脫，當業報現前時仍毫無所覺，不了解自己所作所為所感召的果報一定會在未來成熟。由於這種錯誤認知，所以他們對累積善業功德毫無興趣，因為他們不相信善業會帶來任何利益。我們已一再說明，若無善業絕不可能往生善趣。

所以說：

執斷無善趣　執常無解脫

由於苦因是執取與固守，因此首要之務是不執取「是」與「非」任一邊。你們應如此思惟：落入常邊，並執著諸法為一種實有、恆常的存在，絕對無法證得解脫，亦即無法從這種存有中解脫，不是嗎？我們總是執取某件事物，但此事物並非真的在那裡！

相反地，執斷見者否認任何實有，認為萬法皆不存在，所以他們也無法往生善趣。他們不相信行善可帶來任何善果，所以沒必要行善！未來必將因此受苦。

無明二邊執　歡喜住中道

這兩種邊見都不是「中道」。對此若有所理解，就可自問除此二邊之外是否有更好的知見。因不可能同時執取「斷」、「常」二見，那麼互不相涉地安住於「有」（existing）與「空」（non-existing）是否更好一點？所以札巴‧堅贊說：「我何不將心安住於離此二邊的境界中呢？」

他解釋：「既然我不想落入斷邊或常邊，也無法同時執此二邊，所以我要安住於法性一切無礙的不二境界。既不固

持常見，也不抱持斷見，我一定不執取任一邊，安住於本
然之心性而不執著。」

　　至尊札巴·堅贊引導我們了悟勝義諦，並識出自心的本
來面目而安住於此境界。若想達此境界，首要之務是不把
自己困在常見與斷見的觀念中。不圓滿的「斷」、「常」二
邊之執必須徹底打破，只要能克服這種二邊對立之矛盾，
就可安住於行捨 ④，安住於萬法皆空的境界。札巴·堅贊
說我們必須安住於行捨，安住於離言詮的諸法實相，不生
起絲毫想要表達何者為「是」或「非」的意圖，只是平等
地安住於不二的寂靜境界。

　　衷心領受「遠離四種執著」的教法並思惟其義，是種相
當深的修持，而且能帶來廣大利益。

至此已離斷、常戲論，並揭示將心安住於能、所二緣無別以及空、
有不二之中道境界的共通法門。

唯識的共道次第

萬法唯心生　　四大非神造
外力不必尋　　喜住心本性

　　札巴·堅贊的論頌以勝義諦的角度，開宗明義點出文殊

菩薩第四句頌文的意義。但光以此方式或許無法幫助初學者實際了悟真正心性，所以他是以「唯心」的觀點為起始，逐步指引我們佛法義理。

萬法唯心生　四大非神造

他說我們所感知的萬法皆是自心所變現，一切的覺受經驗也都從心所生。

有些佛教辯論學者於是根據札巴・堅贊這幾句頌文，宣稱薩迦派的行者屬於唯心派 —— 唯識宗。然而更深入研究他所說的內容後，會發現他的知見並不僅止於「唯心」而已。

人在照見心的真正本性之前，可能會堅信心外的一切法都是某種客觀真實的存在，皆是出自某種天神力量，是由一位全能的「上帝」創造出「世界」。

這種觀念讓人以為一切事物都是在我們自身之外，或是與自身相異之法。對此深信不移者尚未解脫，也無法解脫，因為他們確信自己所覺受的一切都是真實或客觀的，是由其他某法所創造。

我們已討論過，假使覺受是因他而起，我們便總是在等待外緣將它們改變成配合我們的相狀，這當然會花上一段相當長的時間！

執取這種「有」見者，相信自己的理解正確無誤。然而

我們所經驗的一切法，其實既非神所創造，也非超自然的神靈所造，諸法也不僅是物質。這種認為諸法只不過是物質的唯物式看法，是科學上的見解。抱持這種看法的人認為，事物只有當物質元素聚合在一起時才會顯現出來；或以為只有在不同的物質粒子交互作用時諸法才存在。

唯物論者對「有」的理解是建立在物質主義上，他們相信透過感官感覺到的一切都真實存在，物質的世界也是真的，因為它顯得如此真實而伸手可及。但這種觀點其實並不正確。若要真正了悟實相，必須避免落入邊見，如相信有個由外在製造的存有，或有個獨立的物質世界等等。執取這種存有知見的人，絕對無法得到解脫。

依佛教唯心派的說法，這世界並非由自在天⑤ 之類的全知全能之神所創造，萬法其實皆是自心的境界所變現。萬相皆是心所化現，心王之外別無一法。心為萬法之王，心生萬法，內在的心能相應地變現出外在的萬法。

佛陀宣說這種異於世俗見解的知見，告訴我們萬法皆是受業惑所苦的自心所化現，他清楚詳盡地說明，萬法並非任何全知全能的神所創造。世俗見解非但不合邏輯，且並非事實，因此為何還要抱持這種邪見，妄想諸法是由心外之物所造呢？

同樣地，為了反駁唯物論者的謬見，應認清物質世界和

自己精巧的肉身都不是由所謂的基本元素構成。化現在眼前的一切除了自己的心之外別無其他，心顯現了我們所感覺到的一切色塵，它們都是心所化現的外相，只是看起來似乎獨立存在於自己之外。若所感覺的一切法其實只是自己的心，那麼必定是自己的思惟構成了覺受。

打個簡單的比方，若想指出一座特別的山，稱之為「東邊的一座山」，那麼這只有當我們位在稱為「西邊」的另一個地方時，才可能如此稱呼。因為東邊那座山並沒有任何「東邊」的自性，就山本身而言，「東邊」一詞只是種相對的參考方位。

同樣地，所有左右、長短、上下之類的相對二元法，也唯有當彼此並列比較或參考時才有意義，任何一法的名言假立⑥，並不存在於此法之中，也不是它的自性。

外力不必尋　喜住心本性

總而言之，任何覺受並非如一般所認為的那樣，是由周遭的外相控制或決定。人對事物的好惡也只是心投射到外境的情感，實際決定化現在眼前之法的是覺受色塵的心，決定人如何覺受色塵的也是心。

其實諸法並非真的存在，解脫和惡道也只是心念的化現，我們明確地感受到這些覺受，彷彿它們是真的一般，

所以才會因此受苦。當地獄道眾生看到燃燒的熱鐵地面時，其實看見的是自己的意念，是受煩惱迷惑的心所幻化，幻化的因則是無明業力。

由於心被無明蒙蔽，不明瞭它有如此巨大的創造威力，無法領悟萬法皆是心所化現，才會聲稱有個神或其他事物擁有如此巨大的力量，創造它所覺受的萬法。受無明蒙蔽的心於是聲稱萬法皆由物質元素構成，一切法都由不同的元素組合而成。這是「有」見。

因此，不了解心本具能生萬法之力量而受蒙蔽的人，總是將覺受與感知歸因於自身以外的某種事物。他們會將感覺到的一切，不論能否觸及，全部視為自身以外或與自身相異之法。所以還是老話一句，為何我們還要浪費寶貴的時間，勞碌終日，汲汲向外追尋萬法的生因或造物者呢？

相反地，剛開始時你應內觀，收斂自己的心，不再攀緣外界顯現的一切法。當心停止專注於外在的世界時，會發現自己如此投入的世界其實只是心的向外投射。當心收回其投射與信念時，世界將不再繼續顯現原來所顯現之相狀，因為顯現周遭世界的是我們的心。

所以，感受到安樂是因過去曾生起善念，安樂的覺受無疑是善念的顯現，是善念創造了安樂。若我們正遭受不幸，這也是因過去的不善念成熟，所以才會受苦。

人們總是懼怕輪迴之苦，恐懼投生地獄道等惡趣受折磨，但佛陀卻說六道並不是以物質形式存在的實體。瞋怒與煩惱所產生的無明，會使瞋怒的煩惱心所到之處皆成地獄。對心中充滿侵犯意念的人而言，地獄就近在咫尺，瞋恨心化現出地獄，地獄又化現出種種地獄道的景象。六道輪迴的各種外相都是相應的意念與七情六慾感召而來。

　　心是一切問題與解答的根本因，發現這把關鍵之鑰者就知道如何解開與心牽涉的一切法。最後會發現萬法的根源除心之外無他，心是世間萬法的始作俑者，是化現萬法的投射器。樂與苦、天國與地獄，我們所經歷的一切境界，都只不過是心境的化現。對此若有了悟，就不應繼續執取任何想、識，因為它們可能生起似真若幻的萬法。

　　佛陀在經典中說萬法唯心，我們可透過這種了悟，進入並安住於心性的禪定境界。倘若萬法唯心，我們就必須直視心的本性，不讓自己落入「常」、「斷」或「有」、「無」二邊，並應當守護真實知見，安住於心的本性。

　　最後要說的是，若能了悟一切生死輪迴之苦都是心識所變現，了悟天堂與地獄其實也只是心的境界，我們的知見便會更上層樓，對諸法實相有更深的領悟。不過它對出離心卻可能有害，因此我們應好好思惟此事。

至此已揭示唯識的共道次第，即將闡釋大乘中觀的不共道。

大乘中觀的不共道

> 萬相皆幻化　依待而緣起
> 性狀無可喻　喜住不可說

　　到目前為止我們所討論的內容，乃佛、眾生不外乎自己珍貴的心，佛教唯心派特別強調此一義諦——萬法唯心。但這是否表示可以不顧外界物質而說「萬法唯心」，除心之外別無諸法？

萬相皆幻化

　　其實這是不圓滿的。因此我們將繼續討論中觀派 ⑦ 的中道（Madhyamaka）正見。但除非先如法安立萬法唯心，否則不會有進一步安立任何事物的基礎。我們所覺受的諸法只是自己的心，先安立此知見才可能了悟諸法實相——空性。

　　因此「萬法唯心」是究竟了悟實相過程中的踏腳石。薩迦派的究竟義諦並非唯心論，它只是獲致究竟知見之過程中的一個次第。

　　另一個通往真實知見的重要踏腳石是「止」 ⑧，心的安止

以及有效對治掉舉，能引導行者進入「觀」⑨的修持次第。而「觀」所生起的正見能讓我們了悟心性。不過心必須先安止才能達到這種內觀境界。

心保持自在可使人進一步了悟世俗諦，方才我們已依據相應於大乘世俗知見的唯心派義理探討過它。這種領悟對中觀派的中道正見會有更深的了悟，我們也將因有此根基而證悟諸法實相。

「止」是「觀」的必要基礎。「止」的修習基礎越穩固，「觀」的證悟便愈明白清楚。穩固的止修基礎，能使禪觀更敏銳地辨別我空與法空，這便是止觀雙運。

雖然提及止禪的重要，但我們真正關切的是識出心的本性，我們將以禪觀的開展來說明此事。佛教祖師大德曾傳下不少法門和釋論，引導我們透過禪修開展內觀。一般而言，大多數上師較喜歡採用漸進式的內觀法門來指引學生。

這種法門能使人逐漸發現心性，並以心覺受一切色法；接著行者將發現，心中的一切化現都是幻化；到了第三階段，行者會領悟一切幻化皆是緣起法；最後將了悟緣起之性離言絕說。為了幫助修學者對禪觀有清楚的了悟，許多上師都採用這四段領悟次第指引學生。

識出萬法皆為心之化現的能力，開展出增長禪觀的漸進式法門，薩迦派的「道果」教法對此有詳盡的解說，「包含

果之道」中涵括印度大成就者毘瓦巴所闡述的教理與知見。有些人偶爾會說毘瓦巴是佛法唯心義理的倡導者，可是已覺悟的大成就者，為何會抱持唯心論者的見地？這是為了在修行道上引領其他行者，所以毘瓦巴才會在他開悟成為大成就者之前，先行闡釋並傳授唯心見地。

近代藏傳佛教寧瑪派最重要的學者之一朱‧米滂⑩，也在其著作中強調唯心論的意義。他相當明確地指出，在佛陀教法的了悟過程中，對唯心論的「萬法唯心」有所領悟，是相當殊勝的跡象，表示我們的思惟有所進展，對佛法的領悟又向前邁進一大步。不過他並未對整件事置之不理，還說必須超越這領悟次第繼續前進。

在開始討論中觀的中道正見之前，關於「一切唯心造」最後還有一點必須注意。若領悟萬法唯心後，心似乎仍無法化現任何一法，只感覺煩惱好像更多，那麼便有增長自疑、自憎的危險。

為了避免這種可能，應領悟心向外化現的任何覺受或外相都不是真實的，這點非常重要。它們就如幻術師變化的幻相。對此若有信心，事情將會簡單許多，因為若了悟萬法皆是自心的化現，皆為幻化，那麼只要轉化心就能轉化覺受。所以領悟萬法唯心還不夠，必須增長禪觀以了悟覺受的幻化本質。

札巴‧堅贊以這幾句頌文引導我們自問：倘若萬法唯心，為何所見的色塵是以其外相呈現？若諸法皆為心的化現，為何不是依我們喜好的外相或條件顯現？這個問題引發下一個必要的內在體證，換言之，這些從心而生的色法，都是依因待緣而化現的幻相。

心的安止是禪修的前行，必須有這種基礎才能開始修禪觀。了悟萬法皆是心所化現之後，開始禪修觀心時，會發現心如幻化一般，若未觀心，諸法看來似乎會很真實。但一經仔細檢視，就會發現一切化現皆非真實存在，這些心所顯現的幻化，都是依因待緣而有的緣起法，它們並非獨立存在，也非依自性而有。

一般常以夢境來說明凡夫的二執[11]。我們或許會夢見自己是擁有巨大權力、統領天下的君王，但這只存在於夢中，現實中並不存在。在心中發生的一切也如同夢境，心所化現的一切都是幻化。無論在夢中是富或貧，一切都是因為我們陷入睡眠，才會感覺好像真的經歷這些體驗，但無一為真，是睡眠使夢境好像真的發生一般。我們應好好思惟夢境這例子。

沉睡中的人會經歷看似真實的夢境，雖然它們並不真實。清醒時這些夢境對人毫無影響，只有當我們陷入無明的睡眠中時，才會受其擺佈。睡夢的譬喻使我們了解，我

們以自己的方式覺受事物的唯一原因，是由於受到無明所惑，才無法覺知諸法實相。無明結合煩惱的心和所累積的業，使我們對自己和世界都抱持邪見，日常生活中的體驗便是如此，一切清醒覺受，都因業和蓋障的蒙蔽而受到扭曲。

萬法皆為心的化現，除了業與煩惱在心中的化現之外，並無任何一法存在。業與煩惱化現我們的現實生活舞台，就如睡眠提供展現夢境的舞台般。沒有這些因緣，我們就不可能如現在這般覺受諸法。

就像睡覺時會以為夢境好像是真的，無明也讓我們以為所感覺到的一切都是真實的，雖然現實生活其實並未比夢境更為真實。夢境是因我們有睡眠煩惱，看起來才會如此真實；現實生活也因我們受煩惱、蓋障等無明所苦，感覺起來才會如此真實。睡眠的助緣使夜間的夢境如真；世俗的假名與錯誤的概念思惟（遍計所執⑫），也使日常現實生活看來似乎非常真實。然而偉大的《金剛幕密續》卻明確記載著，心外別無輪迴、涅槃。

禪修思惟這些例子和譬喻，能使我們了悟現實生活其實並未比夢境更為真實，夜間夢境的產生是由於日常生活事件的眾多因緣和合，這些事件存留在腦海中，成為心中的種子，當睡眠的助緣發生時，夢境便顯現出來。睡眠時，

日常生活經驗留在腦海中的印象、遍計所執、習氣等，便流經睡夢者的心。這些事實告訴我們，睡夢是因為種種因緣而生起。

當人從睡夢中醒來時，片刻之前夢中的所有經驗已不存任何實質，夢中的一切並未眞的發生，白天「清醒時」的經驗也是如此，都是不眞實的。雖然至今我們經歷的一切看來都很平常合理，但這只是因尚未從如夢如幻的無明沉睡中清醒過來。除非眞正清醒，否則將繼續覺受幻化的萬法，而不知它們無一眞實存在。

有些法門可增長這種領悟，我們可透過禪修所獲致的觀慧，發現日常生活經驗都是業力的顯現。它們都是業和煩惱的化現，我們的一切想都不是自性眞實的存在。

我們的一切經驗覺受都是自心所顯現的有爲法，它們全都是幻相。領悟佛陀所說的萬法唯心，就能了悟一切覺受並非眞實存在，它們全都是不眞實的，我們必須禪修了悟的正是這件事。

既已領悟萬法唯心，爲何不讓心就如此安住於本來面目？你可以依循這方式收斂自己的心，而不再老是受幻化的覺受所左右，讓心安住於大寂靜 [13] 中，這表示你應安住於心的本性。

依待而緣起

根據中觀派的看法，心並無自性，心中化現的諸法是眾多因緣和合的果，化現萬法的並非以自性存在的心。未識出心的本性，就無法解開許多徹悟諸法實相之前必須面對的難題。

喜金剛傳承的「道果」教法，對此有詳盡的鋪陳，且不僅說萬法唯心而已。它更進一步說明，假若萬法唯心，那麼心中的一切化現其實都是幻化，因它們都是心依待各種因緣所產生的幻相。

若能從實修中了悟這件事，就有可能解開一切與實相有關的迷惑而帶來相當大的利益。這種了悟能讓你輕而易舉地打破一切顯現的外相，因為心一旦深刻了悟此真相，就會停止向外的一切投射而承擔一切，明白是它自己化現出世間萬法。

若心是一切覺受的造作者，那麼它也是一切幻化的根源。這種了知會使心獨立、自然，不再受我們原先以為真實的幻化本質所左右。事實上，受心的幻化所左右的人，其實就是觀這些幻化的人，也就是幻相的觀看者。

為了領悟幻化的本質，我們已思惟過夢境的例子，下一個禪修思惟的例子，是擅長製造幻相的幻術師所變的把戲。成為幻術表演的觀眾時，其實只是幻術師玩弄世俗道

具愚弄的對象。因爲幻術師迷住旁觀者，又在表演中使用各種花招，所以他能顯現騙人的幻相。

傳統的幻術師可能會利用石頭、羽毛、虎皮等物品製造騙局迷惑觀眾，使觀眾以爲自己眞的看見大象、馬匹等實際上並不存在的事物。幻術師可能會利用咒語或暗示性的「魔咒」，或一些騙人的花招來迷惑觀眾。但只要沒有人旁觀表演，幻術師便沒有戲唱，自然就變不出幻相來了。

同樣地，我們的一切體驗，也都是因各種不同因緣和合而產生，接著要了悟的正是這一點，使用的法門則是思惟幻術師的魔幻秀，只有當特殊因緣會合時，我們所覺受的一切世俗外相才會顯現。

這眞的像是觀賞一場幻術表演，幻術師需要各種道具等不同助緣，才能變化出想要製造的幻相，當然還要有一些干受愚弄的觀眾，因爲幻相必須在觀看者的心中產生。缺乏其中任何一項助緣就無法產生幻相。

若無因緣，幻相就無法顯現，萬法的顯現同樣也是因爲有特殊環境。其實並無任何一法眞正存在，甚至連芝麻這般小的東西也是如此。諸法皆是依因待緣而生，只要領悟因緣法則，就能打破一切外相。這樣的思惟使我們發現諸法並非眞的存在。

一切有爲法都是有漏法、緣起法，如同幻術師變化出來

的幻相，是由各種因緣依待和合而生。若一切由心化現的外相，皆與幻術師變化出來的幻相無異，那麼無論如何說服自己它們存在的正當性，這些化現也不會比幻術師所製造的幻相更為真實。因此必須先明白一切相都是心的幻化，才能領悟一切感知、覺受都不真實。

但我們又怎能如此確定心這位幻術師所變化的把戲並非真實？依據定義，幻相是不存在的事物，它們是因為有眾多因緣和合才看似真實，這些因緣互相依待，幻化出我們所覺受的萬法。當因緣和合時，幻相隨之顯現，若無許多化現外相的因緣，就無任何單獨存在之法。深刻思惟幻術表演的例子，可使我們獲致明確的觀慧，了悟自己目前對諸法所抱持的見地並不真實。

我們因而安立當前所覺受的一切相都是因緣和合而成。例如六根、六塵、想蘊，以及心中所抱持假立的名言等。當這些因緣和合互動時，彼此便相互依待而緣起諸法。它們雖只是幻影，卻顯現出來，但只是暫時而已，因為它們是因緣和合所生之法。除非了悟緣起法都是如夢般之幻化，否則我們將繼續誤認這些幻相為真實的存有。

從出生至今，我們總是將友善對待自己的人視為朋友，並將傷害我們的人視為怨敵。然而是友是敵其實只是另一種錯誤的愛憎之想。其實我們覺受的是自己的執著與厭

憎，它們舞弄於我們的腦海，變現出恩人與仇敵。表面的朋友與怨敵只不過是另一種幻化，也是種種因緣依待而生，一切愛憎的所緣，只不過是自心的反照。

幻相是由於各種因緣和合而生起，其中最重要的一項也許是願意被魔咒所惑的觀看者。因此我們必須收斂自己的心，不再被自心的幻化所迷惑，惟有如此，才能獨立於幻化覺受之外，不受其牽絆。若能了悟一切外相皆為幻化，就不會再執取固守看似真實的世間諸法。這是關鍵所在。

總而言之，萬法唯心，心為幻化。心所化現的萬法並不存在，它們的本質是幻化。幻化的化現本身並非獨立存在，諸法只是許多不同因緣和合而生的產物，是因緣彼此依待的緣起之法。幻化的覺受是依因待緣而有，因各種要素和合而構築顯現出我們所感覺的「真實」。

幻術師玩弄各種助緣愚弄觀眾，使其相信一些其實並不存在的事物，這例子的意義就在於此。思惟這些譬喻與其所示現的真理，能使人證悟緣起法。諸法皆是依因待緣而現行，並無任何一法是依自性而有，諸法皆非獨立作用之存在。

所以為了說明中觀空正見，印度班智達龍樹說諸法非自生、非他生、非共生，亦非無因生！[14] 印度論師月稱的《入中論》更用許多篇幅進一步破斥這四種「自性生」。

龍樹說，若諸法爲自生，這是多餘的，因爲法已先有。換言之，倘若法爲自生，那麼是多此一舉，因它本來就已是它自己，無須再顯現。另一方面，倘若法爲他生，便又落入萬法皆爲某種他力所造的謬見中，此一他力便凌駕解脫之可能。

持續深入思惟並增長觀慧，能使人照見萬法皆爲各種因緣和合所生，這是了悟緣起實相的法門。由此可知龍樹提到的這四種諸法生因皆非毫無破綻之眞實情況。

深入思惟緣起的意義就會發現，只要陳述或主張任何見解，我們便爲自己製造只會帶來更多迷惑的業因。相反地，若避免執持任何邊見，就能了悟緣起性空之實相。緣起法窮根究底乃離言絕說。

性狀無可喻　喜住不可說

前面闡釋的這幾句札巴・堅贊的頌文，教授四個相續的次第，指導我們安立心的本性。這些次第指出增長「止」的重要，因爲「止」是了悟心的本性之基礎。如前所述，已透過止修而調伏心的行者才能開始展開觀修；而「觀」的覺醒則是從了悟實相的四個次第開始。

我們應不斷提醒自己這四個次第：一、萬法唯心；二、諸法如幻如化，非自性有；三、幻化諸法皆因緣起而現行；

四、諸法實相離言絕說。這是禪觀證悟的發展次第，其基礎則是止禪。

在禪修過程中，我們會開始理解並逐漸了悟此一知見的真義，依待身外因緣之法皆非自性有。因此，諸法皆為幻化，幻化的本質是無自性，因無自性，非依自性而有，所以必須依待自身以外的因緣。諸法的化現，並非因為它們「是」所化現之法，而是因為它們「不是」所化現之法！

例如，幻化之法如水中映月，除非月亮現在天空中，否則無法見到水中的月影。諸法也是因自身以外的因緣和合而化現，無一法是獨立之存在，也無任何單獨之因可創造出任何所緣之法，一切有為法皆是依待眾多因緣和合而生。有為法短暫無常，因為若不具足一切必要的因緣它們就無法顯現。

在金剛乘的灌頂儀式中，上師通常會在某個特殊時機搖動金剛鈴，並詢問受法弟子鈴聲從何而來，以展現緣起實相。通常弟子會回答鈴聲來自鈴身或鈴錘或來自上師搖動的手，有些弟子會說來自自己的耳朵。但鈴聲其實是所有這些因緣和合而生，只有其中一、兩項因素並無法產生鈴聲。

灌頂時，實相是運用各種例子並透過緣起法來說明。或許是將一個法螺放在一面鏡子上，這是為了說明只有當法螺放在鏡子上時，它才會顯現在鏡子中，鏡子中原本並無

法螺。當這些因緣具足和合時，鏡子才會顯現出法螺。

　　同樣地，善念或惡念也只有因緣具足時才會生起，這些念頭並非本來就存在，也不是依自性而存在！萬法皆為幻化，皆是因緣和合而生。無論我們多麼努力，一切心法的實相皆無法言傳，諸法實相離言絕說，既非有，也非無，佛陀也未曾用語言文字表達不可說之法。

　　保持緘默能使人更容易證悟勝義諦，證悟此一不可說心性者，應安住於禪觀中，無論是否證悟任何實相都不應說出來。不表達出實相是獲致真實證悟的方法，其基礎則是之前的思惟、禪修次第中所增長的領悟。諸法的緣起實相無法以任何言語表達，因諸法實相是空性。實相是言語道斷的空性，既不可說，也無法經由聽聞了悟。因此安住於此不可說境界是最好的作法。

至此間接指出修「止」（奢摩他）的方法，而修「觀」（毘婆舍那）的方法則直接以下列方式揭示：既已有體系地安立一切所緣相皆唯心所造；心為幻化；幻化則無自性；無自性之幻化乃依待而有，無法言喻，因之修習心與其本然空性融合，於究竟中沒有任何概念的邊執。

顯現心的明性，離言絕說

因此，這些頌文進一步告訴我們思惟中觀空正見的重要，此一佛法義理為中道見地，不落有邊，也不落無邊。因沒有任何表述或說明可無誤地讓我們了知實相，也無任何決定性陳述可正確地揭示緣起法。事實上，緣起是心的本性，因為緣起實相揭露心的「明」（clarity）、「空」本性。若能領悟這點，就能了悟止觀雙運的重要。

實相不可說

這表示我們應當安住於不可說的境界，觀照自身覺受的空性。因此無論這些覺受如何統合，也無任何語言文字能真正地表達。喜金剛傳承的密續經典中也有如此的記載：「言語道斷，此事甚明。」當試圖運用言語描述覺受時，你已曲解當下的真正感覺。

然而此一本性雖無法言詮，卻可被人識出，實相雖不可說，但並不表示它不存在，因為確實有法顯現，任何人都能體驗得到。大成就者帝洛巴⑮就曾告訴弟子那洛巴：「並非空無一法，法的確存在，但我無法告訴你它是什麼！你必須自己發現它！」這表示它並非一種想像的思惟，但是你自己可以識出它。

識出心的本性的方法

金剛乘善巧運用不可思議的覺受來識出心的本性，生起不可思議之覺受的方法很多，其中一種是透過灌頂儀式中生起的本初智慧來產生。上師也可化現本尊相，告訴弟子如何顯現心的明性。

再次說明，扼契身體中的金剛波浪道 ⑯，不可思議的覺受就會生起。

這些方法或法門可用來示範這不可思議的境界，現在我們終於了解，為何金剛乘中會有如此多種法門讓行者生起不可思議的覺受。這種透過善巧法門生起的不可說覺受，受到上師高度推崇，並將它視為引導弟子證悟心性的法門。

在所介紹的一切法門中，金剛乘灌頂中的「真實俱生智慧」最為人所熟知。上師在灌頂儀式中對我們的加持，就是在喚醒我們的本覺智慧。這是薩迦・班智達所傳授的法門，他說：「我的大手印 ⑰ 法門並非專注一境讓心保持觀照。不是的，它是灌頂時所生起的智慧。」

偉大的上師具有證量與加持力，若弟子能與上師緊密相應，對上師懷有深刻的信心與依止心，灌頂時就能真正地傳承大手印。只要具足清淨的信心與依止心，必能得到傳承的加持，接受加持仰賴自己的信心和淨想，而非完全仰賴上師。

什麼是灌頂時所傳的加持的本質？灌頂儀式中有俱生智慧的傳承——授與加持，當進行這部分時，弟子的心中一定會生起某種覺受，此時凡夫的思惟過程會停止或暫時中止，當真實俱生智慧顯露時，他會清楚而明確地感覺已受到加持。

當弟子處於如此深刻、無法言喻的覺受中時，上師可警示弟子認出真正的見地。這是能真正引導我們識出心的本性的方法，行者也應持續安住於此一境界。

同樣的過程也可以透過「上師相應法」反覆修持。這種法門和灌頂類似，修持者可受到加持，也可引領自己識出心的本性。

修持「依止上師」時，當上師融入你的身體，而你的心也融入上師的心時，請安住於這種空性境界，並與上師雙運。就如此自在地安住於上師與你的心無二無別的境界，並觀想上師融入你的自知本覺（self-knowing awareness）。猶如水與濕總是在一起，無法分開一般，我們也應安住於與上師雙運的境界。

當上師和我們的本覺雙運無二時，才是究竟的「上師相應」，這種法門能讓我們受持與灌頂儀式中相同的加持。

了悟勝義諦，輪涅不二

這些教理闡述的是「遠離四種執著」的最後一層意義。文殊菩薩宣說的第三句頌文談的是世俗菩提心，第四句頌文則道出勝義菩提心。我們最終必須了悟勝義諦——領悟諸法的本來實相，我們可認出心的本性並予以辨別、澄清。

認出本覺智慧

我們自心的真如本性，與諸佛的真如本性無二無別，眾生的佛性也和究竟證悟的佛完全相同，只是因被煩惱和蓋障所蒙蔽，才無法認出自己本初的本覺心性。

若我們真的認出實相——自己的本覺智慧，那麼無論所談的是寧瑪派的「大圓滿」或噶舉派的「大手印」，還是薩迦派的「輪涅不二」，它們的意旨都是相同的，都是教導如何識出並了悟此一心性的本來面目——本覺。

為了繼續生起對正見的信心，所以必須闡釋正見的奧義。為了進一步探詢以便清楚明確地領悟真實見地，我們應領受具格上師的指引，這件事相當重要。

若無適當的指引與教授或真實的法脈傳承，任何人都無法成辦此事。因為若無適當的教授或持續的指引，我們可能會誤入歧途修持邪見而無法從輪迴中解脫，遑論證得究

竟菩提。這點一定要了解，否則在談論正見時，上師的違犯可能會比弟子聽聞這些教法所得到的利益還要大。

正見能使我們解脫一切的苦與錯誤的概念思惟，因此我們必須先了解貪著固守自己的見解所產生的結果，會違背此教法的精神；不但無法得到解脫，而且會被束縛。因兩種邊見之間，不可能取得調和或平衡，即使試圖同時抱持肯定的常見與否定的斷見，問題仍無法解決。諸如此類的固守執取，會使我們無法認識正見，就如此安住於不二的中道境界，不是更好嗎？

正見地不落能緣、所緣二分法，觀者與被觀者並非可彼此分開而獨立被感知之法。因此不應執取任一邊見，而應認出自己的本覺智慧——自心的本性，這當然比安立邪見更具挑戰性。總之，實相的正見不外乎自心的本性。

萬法皆空

若萬法皆是依待而有，且不具任何本有的自性，那麼緣起的究竟本質是什麼？前念已滅而後念未生時有段空檔，念頭之間的空檔，是能以思惟而領悟之法嗎？或是不可說？念頭之間的空檔是能編造的「法」嗎？或它本來如是？所以，必須先將心安住於前念與後念之間的空檔。

札巴・堅贊在所造的一部論頌中說，當他尋找自己的心

時，他無法辨識出心的生、住、滅，因此發現心是無生，了悟心的本性是空。由於心空無一因，空無任何生的種子，因此也空無任何果。若心無因，此因不存在，那麼自然也無生、住、滅。

札巴·堅贊發現心空無種子或因後，又發現心也空無所住。向外觀時，可發現外在化現的萬法，其實都是諸多因緣依待和合而成，例如樹是由根、樹幹、枝、葉、果、種子等諸多成分構成。向內觀時，可發現心所有法也是依據諸多依待的因緣，也就是佛陀所說的十二緣起⑱，這些緣起法都不存在，它們皆非獨立而住。

最後，札巴·堅贊也發現心亦無果，心全然是空，無始亦無終。因此，心或念頭無任何果，也無任何最終狀態，無法發現它止於何處，所以萬法皆空！若能透過禪修思惟清楚地領悟這一切，我們就會生起空性的清淨見。若無法好好領悟這件事，修行時可能就會碰到一些潛在的危險或陷阱。因此我們必須如法地領悟這些要義。

然而分析心的生、住、滅也是另一種概念思維。持續專注一境地尋找心雖然非常重要，卻仍非正見，我們也許會認為自己正在尋找心的本性，卻可能只得到連續不斷的概念思惟！當平常的概念思維現行時，心的真正本性仍在那裡，但因為被許多念頭和固執所蒙蔽，所以無法認出它。

究竟而言，這種概念思維即是所謂的執取、貪著或固著。正如文殊菩薩對薩千所言：「若執取生起，即非正見地」。

那麼為何我們需要一再地檢視心的生、住、滅呢？這是因為必須將心安立於空性之中。如何才能讓心住於空性之中？除了分析之外，還需要尋找、探查，必須靠自己的智慧找出空性。只要透過外在的例子和內在的探查，領悟心空無生、住、滅，就能真正認出本覺。這是重點所在。

心的本質是空性，無法言喻。若你發現心性，那麼它無疑是空性，感覺不到任何可見之法，因為它在六根的覺受範圍之外，它遠離言詮。你無法向別人展示心性，因為它無法言喻。找出自己的本覺智慧，你所發現的必定無法言說。

心安住於明光中

凡夫心雖然是空，但它卻不似物質的空。因為的確有某種覺受存在，即所謂的「識」（shepa）。觀你的心，你會發現確有某種東西——覺受存在。這種對覺受的了知（識），就是心的「明」。例如，心具有回憶與記憶，以及察覺發生什麼事的基本觀照意識，薩迦・班智達在有關心性的闡釋中，對此有不錯的討論。這些教示能使我們領悟心並非實體或無生氣的物體。

同樣地，心的究竟本質具有明性，這明性是自知、自明的。因此，爲了辨認出本覺，你必須觀自己的心，依此方法所發現的心之狀態，並非一無所知的愚鈍。相反地，這是覺醒了然的境界，超越思惟與語言，是一種完全的覺知。

出現在念頭與念頭之間空檔的本覺，就是心眞正的本性。薩迦·班智達說這是眞正的本性，也就是心的明性（osal），它會在前念已滅而後念未生時出現。不落「斷」、「常」二邊，你很容易就能如實認出自己的固有本性，之後必須持續安住在此認出明性的境界。薩迦·班智達對此有相當圓滿的解說：「前念已滅而後念未生之際，存在著一種連續不斷的明性。」

明空雙運與輪涅不二

現在要更深入檢視所謂心的「明」到底是什麼。

雖然我們可觀察到周遭所緣對象的變化似乎並不大，但心的狀態並非如此。心可在一刹那間變化成任何狀態，這種轉化能力就是心的「明」，當我們在作密續禪修與觀想時，可運用它來進行修持。

「明」並非固定一如實體的物體，因爲它變化無常，能轉變成任何相貌，我們因而了悟它也是「空」。依循同樣的觀念，若檢視「明」，會發現它不但變化無常，且無法以任何

方式確實感知它，這也是空性。如此觀察，我們會發現心的「空」與「明」不可分離，兩者實爲一體，這就是「雙運」（zung jug），「明」與「空」同時俱現而不孤起，這就是「明」與「空」的不二一體，即所謂的「明空雙運」。

薩迦・班智達在其著述中所說的基、道、果[19] 不可分，指的即是輪迴與涅槃的不可分離性（「輪涅不二」）。根據他的看法，既無輪迴可斷捨，也無涅槃可證，輪迴與涅槃只不過是「見」與「現量」的轉化。

五根識被包含在一般心識（凡夫識）之中，在金剛乘法門裡，以淨觀全部轉化這些識後，還必須進一步轉化第八識──藏識[20]，即宇宙萬有的根識。這種法門能轉識成智，而這種轉化只在「想」（recognition）中發生。

爲了能眞正認出心的本性，我們必須去發現心的本來面目──「明」，也必須照見心的本質是「空」，兩者無二無別，這也是所謂的「輪涅不二」，即使外顯爲二元的，其實也是無二無別。一旦眞正認出本初智慧，就能覺受萬法一如，等無差別，無輪迴也無涅槃，無捨也無得。

「明空雙運」是薩迦傳承見地的特定名相。若仔細觀察覺受，你將發現一切感覺與體驗不外乎「明」、「空」、「明空雙運」，這是明空雙運的意義，也是你必須了悟的本性。了悟「明空雙運」，就是了悟佛性（dharmata）。札巴・堅

贊對「雙運」有相當殊勝的闡釋，他說「空不礙明」，明性之光不會受到任何障蔽或侷限，因為它就是空性的本質。

還有許多類似的名相，例如「色即是空」。確實有法顯現，但當禪修檢視它們時，會發現它們空無自性。也可說「聲即是空」或「聽覺的空性」，所聽見的一切聲音，只要一經檢視，就會發現它們也是「空」。在這種情況中，空性是透過聽見聲音而體證與安立的，所以聲音並非依其自性而存在。

密續中常常提及「樂空雙運」。不論你經驗的是愉悅、大樂或高興，若仔細觀其本質，它也是「空」，樂受與空性如一不可分。

最後是「覺空雙運」，意指本覺並非實在的存有，雖然它無法以任何方式明確指出，但也並非完全不存在，因為你確實有所了知！透過探索這些重要名相的意義，就能了知一切現象皆與空性無二無別。

當我們嘗試認出心的本性時，看起來好像是心的某部分在觀看心的另一部分。假使你覺得似乎有兩個心或兩個觀點——能觀的心與所觀的心，這表示見地中尚有能緣、所緣的對待。假使你有這種覺受，它仍然是錯誤的概念思惟。

明性並不在概念思惟之中，若真的認出念與念之間的明性，就會發現並無觀看者。這是雙運不二的境界，無能緣

也無所緣，能、所二緣必須一起融入空性中，就如將水倒進水中，虛空融入虛空一般。舉例來說，請看這個花瓶，花瓶中有虛空，當打破花瓶時，瓶中的虛空便融入瓶外的虛空，所以它們無二而不可分。

識出本覺，生起正見

下面這段摘自《喜金剛本續》的殊勝引文，對心性有類似的譬喻：

本初智慧極微細　　堅如金剛似虛空
無染究竟大寂靜　　而汝自為其生父

金剛的含義之一是鑽石。鑽石極堅而不可摧，企圖摧毀鑽石者必定反被其摧毀。這四句有名的頌文說，本初智慧就如金剛或鑽石，它不會被念頭摧毀或被任何概念思惟所損壞。這種本覺就如虛空的中心，它無法被固定或精確地標示出來，也無法定出其所在。

也許並非每個人都如此容易發現本覺，上述四句出自《喜金剛本續》的引文說它非常微細。那麼我們如何才能認出它？這部密續說自己就是它的生父，這表示是否認出它全在於你，沒人能為你了悟心的本性，只要修行就能認出

它，一切全在於你！

　　實相非意想可知，非造作的行為，也非造作可得，一般稱為「自知的俱生智慧」或「本覺智慧」。我們雖然能指出它，但在試圖執守此一本覺的剎那，便迷失了心性的正見。

　　相反地，為了生起正見，你必須能真正識出本覺，了悟萬法皆空，包括自己的心。自知的俱生智慧是心的本質，也是心生、住、滅之處，雖難以言喻，卻絕對存在你自身之中，識出此一俱生智慧便可說已具有正見地。為了能持續安住於此正見的境界，我們絕對不可執守此見地，這是核心重點。正如下面這首偈頌所言：

　　心內無有法　　佛尋其不得
　　亦非無有法　　萬法生起故

　　我們已說過，前念已滅而後念未生時有個空檔，在這空檔中，心並非一無所知，因確實存在某種覺受或覺知，認出時它就是「明」，又稱為「自知的俱生智慧」，簡稱「本覺」。

　　本覺是一種沒有能所對立的相續，此智慧雖可被識出，卻無法被標定，它有如虛空中的回音。虛空中所生的一切法都具有「明」，我們的一切樂受或不樂受也都是「明」，而「明」的本性是「空」，所以一切所生之法皆具空性。

安住於中道

不論「大圓滿」、「大手印」或「輪涅不二」，其內容都不外乎這些，再無其他。認出本覺之後，必須持續安住於此境界。「自知的俱生智慧」不只是認出本來的心性，也指安住於心性的正見，但僅僅認識還不夠，必須持續地安住於此認識之中。為了能成辦此事，你必須受持真正具格的上師的傳承與指引，以及正法脈的加持。「輪涅不二」的真正意義即持續不斷地安住於認出本覺的境界，它是「大手印」，也是「大圓滿」。

認出「明」之後，止與觀自然會現行，若想達此境界，止禪的修持對我們會有相當大的利益。若你在止修上下了許多工夫，就不會再受外界環境所左右，在這種基礎上生起的觀慧將非常殊勝。當你得到覺受，而且開始對本覺的體認習以為常時，你的一切學識將會大為增長，你將會明白許多以前未曾明白的隱含法義。

這件事我們不打算談太多，因為心性畢竟無法言喻！薩迦傳承稱之為「輪涅不二」，噶舉派稱為「大手印」。寧瑪教法則稱為「自知的俱生智慧」，或簡稱為「大圓滿」，指的就是心性圓滿的本來面目。不過稱呼並非重點，重要的是你能否認出它。

本覺為無生，也不是可用任何方式設想造作的法，事實

上，它不受一切人爲努力所左右。「自知的俱生智慧」完全超乎希望與恐懼，其中毫無觀念上的固執。一旦認出本覺，之後每當念頭生起時，就不要再跟著念頭跑。若又如此，便再度落入相續不絕的概念思惟之流中！相反地，當認出本覺後，每當再有念頭生起時，不要執取它，只要單純地觀照其本質，它自然就會消失。

這就是觀察萬法的本質，也就是觀自己的本覺智慧。然而，若試圖讓心停留在空無狀態，或試圖執取空無任何念頭的境界，也是種邪見。

所以說：

人若執著空
不得生淨土
人若執著有
必不得解脫
以是住中道

簡而言之，你的知見應毫無設想與造作；你的禪修應是種安然而住的修持，無煩惱與蓋障，也無散亂或昏沉；你的行爲不應傷害其他有情，並慈悲對待眾生，也不爲世間八法所染，一切所爲只爲了利他。

功德回向

這是札巴・堅贊為文殊菩薩的四句頌文教法所造的體證論頌，我們的論釋至此圓滿結束。札巴・堅贊在其「遠離四種執著」修心論頌中，真心流露他的體證，最後他將這一切功德回向一切有情，而總結整部論頌：

> 釋離四執著　　此善業功德
> 願七道眾生　　皆共成佛果

最後，作者功德回向一切有情同證究竟佛果。

釋離四執著　　此善業功德

薩迦巴偉大的在家行者至尊札巴・堅贊，是位圓滿證悟的瑜伽士，為了利益一切有情，他以法要暨體證之口耳教授的形式分享這項教法，最後並將所有功德回向一切有情同證菩提。

願七道眾生　　皆共成佛果

平常我們並未聽過此回向文中所說的七道，只聽過欲界六道，在此所加的第七道是指上一世和下一世之間的中陰身。

死亡後的有情可能會停留在中陰的狀態而無法往生六道的任何一道。中陰的有情就是已死亡但未投生任何一道的眾生，他們被束縛在上一世與下一世之間的中陰境界。札巴‧堅贊祈願七道的一切眾生都能證得佛果。

傳統上，「遠離四種執著」法教是以七天的時間傳授，若要詳盡闡釋可能要花上兩個月的時間。我和你們有極為濃厚的法緣，對我而言，能與你們分享這些法教是廣大安樂的泉源。我們都應感到非常歡喜，因為我們都有如此殊勝的善業，能聽聞這些教法。

我們首先說明如何辨別如法的戒行及聞、思、修，也說明了如何區別真實與造作的戒行與聞、思、修。其次說明如何真誠地生起出離心，並捨棄一切無益的追逐。

我們所揭示的第三件事，是為利益一切有情而發菩提心的重要，因為菩提心是最珍貴、最真實的利他主義。我們已討論過如何慈悲對待眾生而生起菩提心。第四，關於空正見的部分也已說明過，為了了悟中道心性，絕對不能落入二邊中任一邊所抱持的邊見。最後，我們將這些解說教法的善業功德，回向利益一切有情。

這項法教的內容相當簡明，卻融攝一切顯經與密續的意義。文殊菩薩對薩千‧貢噶‧寧波宣說的這些教言，在所有佛教傳承中都受到相當大的尊崇。薩迦和「道果」的所

有教法以及寧瑪、噶舉、噶當、格魯等派的教法，都包含在這四句頌文中。巴楚仁波切 ㉑ 的《普賢上師言教》一書的所有意義，也都包含在這幾句頌文之中。每項教法都是這幾句頌文的詳盡闡釋。

雖然「遠離四種執著」法教只有四句話，但若深刻思惟其義，就會發現一切顯經與密續的精華意義都在於此。因此我們應牢記這四句珍貴的頌文，而我也會祈願它們的加持能進入你們的心流，常住不退。

我只是一介凡夫，但上師的加持使我受惠良多，願我得到的一切加持也都能降臨在你們身上，也願「遠離四種執著」的一切法義都能成為你們的親身體證。這代表能不執著此生，不執著輪迴世間，不執著自己的目的，也不執著於見地。

注釋

① 法界（dharmadhatu）：諸法的本性，亦即諸法實相，也是一切有情本具的佛性。

② 無生：諸法非從本身所生，非他因所生，非自、他二因所共生，亦非無因而生，全部的四種可能性皆非諸法的生因，所以說諸法為「無生」。

③ 種子：色法（物質）與心法（精神）等一切現象有其產生的因種，稱為「種子」。係指其果功能而言，是現行諸法薰習於阿賴耶識中而形成特殊的習性者，故又稱「習氣」或「餘習」。

④ 行捨：善心所之一，指平等、正直、不動、公平之心，即不昏沉、不掉舉，而住於平等、正直的寂靜精神狀態。

⑤ 自在天（Ishvara）：又名大自在天，三目八臂，色界最高之天。信奉此天之外道，視此天為宇宙的本體、萬物的主宰，此天喜時眾生隨之安樂，瞋怒時世間眾

⑥ 名言假立：分別諸法的名稱或描述是為了方便而姑且設立之名，這些名稱或陳述並非法本身的自性，如騎士、乘客、讀者、老闆等，並非所指涉人物的自性，所以稱為「名言假立」。

⑦ 中觀派：龍樹菩薩所建立的一個學派，以闡述空性 的般若經為基礎經典，主要教理為中道之空正見。

⑧ 止（shamatha）：音譯「奢摩他」，即「安止」、「止息」之意。亦即專注並止息妄念，使心處於定境，是定的修持，禪修首要之務。

⑨ 觀（vipasyana）：音譯「毘婆舍那」，即以智慧觀察思惟諸法事理，是慧的修持，止觀雙運就是定慧雙修，為禪修的兩大法門。

⑩ 朱‧米滂仁波切（Ju Mipham, 1846-1912）：生於西康，主要上師是蔣揚‧欽哲‧旺波仁波切和巴楚仁波切。他是寧瑪派教法的重要建立者和闡述者，曾將顯密教法的要旨集成二十六部的《米滂仁波切全集》。

⑪ 凡夫的二執：我執與法執。我執即不明白自己為四大、五蘊的假合，而執著有一真實存在的自我；法執即不明白萬法皆因緣和合而生，而執著諸法皆為真實的存有。

⑫ 遍計所執：指錯誤的概念思惟。「遍計」即普遍計度，凡夫對一切法普遍思惟計度而加以分別，妄執「有」或「無」，因此稱為「遍計所執」，遍計所執性是唯識宗用來區分萬法的三種性質之一。

⑬ 大寂靜（supreme peace）：心處於甚深安止禪定之境，遠離有為法、生滅相，安住於究竟的寂靜狀態，體遍虛空，是謂大寂靜。

⑭ 《中論‧觀因緣品》：「諸法不自生，亦不從他生，不共不無因，是故知無生。」

⑮ 帝洛巴（Tilopa）：印度八十四位大成就者之一，噶舉之父。其教義及實修風範，影響心子那洛巴、瑪爾巴、密勒日巴、岡波巴等，將整個法教口耳傳承迄今。

⑯ 金剛波浪道（wave of enjoyment channels）：指薩迦派所主張的第四灌內容所修之道，一種扼契三脈觀修的方法，藉以產生心性光明覺受。

⑰ 大手印（mahamudra）：藏傳佛教噶舉派的修行法，有顯教、密教兩種。顯教主由定起觀，證得空智解脫的的境界。密教以唯一白法，成就空、樂二智，最後達到即身成佛，是無上瑜伽的最高法門。

⑱ 十二緣起：又名十二因緣，即無明、行、識、名色、六入、觸、受、愛、取、有、生、老死。

⑲ 基、道、果：「基」即基礎、根本，「道」即方便、法門，「果」即果位，這是三現分的詮釋方式。薩迦派認為「基」即我們的基本感官與世間萬法，「道」的一

切現象是以善法的形式呈現於「基」中，而佛果的一切現象則以潛在的形式呈現在「基」中，圓滿覺悟的佛性只是被煩惱所障蔽，基、果其實無二無別。

⑳ 藏識：即第八阿賴耶識。「藏」為「含藏」之意，因其含藏一切善惡業種子，變現出正報、依報等宇宙萬法，因此是宇宙萬有的根識。

㉑ 巴楚仁波切（Patrul Rinpoche, 1808-1887）：西元十九世紀西藏最著名的佛學大師和大修行者之一，童年時期即被認定為印度寂天菩薩的化身。達賴喇嘛經常高度讚歎巴楚仁波切，並傳授仁波切有關菩提心的教法；頂果欽哲仁波切則將他譽為大圓滿見、修、行實踐者的完美典範。

【附錄一】

「遠離四種執著」
傳承上師祈請文

哦千·貢噶·桑波●造

法王薩迦·崔津／傑·歌德伯格●英譯

眾生導師正覺佛世尊
怙主文殊師利法王子
所鍾弟子神聖薩迦巴
我今祈請三勝皈依處

*

索南澤莫成就五藏者
通曉經續至尊仁波切
第二聖主薩迦班智達
我今祈請勝者三代表

*

教法持者帕巴仁波切
三慧獲續財者袞就帕
勝成就者秋傑塔普巴
我今祈請大藏三聖師

*

索南堅贊眾生之至寶
巴登楚群教法大導師
耶喜堅贊一切智智者
我今祈請三勝指引師

勝者授記遍知耶旺巴

座下首席法子袞就帕

索南森給言語之大日

我今祈請知證成就者

*

桑加仁欽真文殊師利

南卡旺楚偉大之聖尊

貢噶列竹學戒持有者

我今祈請教法三明師

*

貢噶秋達因明演教師

貢噶南給證悟之聖尊

丹增桑波大藏成就者

我今祈請三神聖指引

*

那旺倫珠知證成就者

聖法遍照大日摩千傑

教法大海之源尼薩瓦

我今祈請三無比上師

貢噶羅卓末法生命力
契美登巴尼瑪聖尊者
多傑仁欽幼文殊師利
我今祈請眾生勝指引
*
貢噶丹增耳傳承持者
欽哲旺波證量同文殊
其器重弟子羅迭旺波
我今祈請法有情怙主
*
慈心光華馳名登巴旺
秋吉尼瑪勝者之心子
旋遍寧波悲心大寶藏
我今祈請勝者三勝子
*
我今祈請諸神聖上師
速以悲心之眼觀視我
加持弟子離毀滅根本
遠離此生外相之執著

加持我生強烈出離心
永離痛苦無盡之三界
永離苦不堪忍之三界
永離毫無安樂之三界

＊

爲利如母有情已思惟
自他平等相換菩提心
勝者法子惟一之聖道
祈請加持離求己目的

＊

萬法化現雖如夢如幻
既知諸法本空無眞實
祈請加持心生淨中道
空無任何邊執不二境

＊

既已邁向法道趨向法
如是消除道途利己誤
祈請加持幻相化現爲
過去諸佛偉大俱生智

「遠離四種執著」
修心法要——根頌

至尊札巴‧堅贊●造

上師本尊慈悲海會眾

我今至誠皈依祈加持

非法之行無益法應行

離四執著法義善諦聽

至此，作者完成祈請與闡述法義之發願。*

若執著此生　則非修行者

若執著世間　則無出離心

若執己目的　不具菩提心

若執取生起　即非正見地

一不執此生　持戒聞思修

若為此生利　非法應斷捨

戒行為第一

往生善趣根

證悟解脫梯

離苦之良方

證得解脫法　無戒不成辦
執此生持戒　八風爲其根
謗下嫉正誠　僞善持戒行
墮落惡趣因　虛詐應斷捨

聞思之行者

具足法資糧

驅散無明燈

正道引有情

法身成就種

證得解脫法　必聞思成辦
執此生聞思　法財增我慢
謗下嫉聞思　逐名聞利養
墮落惡趣根　八風應斷捨

禪修者具足

斷煩惱良方

成道解脫根

成就佛果因

證得解脫法 無修不成辦

執此生修行 隱居仍無暇

持經心無念 嫉修嘲聞思

散亂自禪修 八風應斷捨

至此為止，所言與「阿毘達磨俱舍論」中的「依戒具聞思，實修三摩地」相應。因此，這些偈頌直接揭示究竟目標和世俗目標之間的差別，同時也間接指示思惟八暇十滿人身難得與生命無常之態度。

為證涅槃果　須斷三界執

為斷三界執　謹記世間患

第一思苦苦

三惡道之苦

細思心肉顫

若墮無能忍

善業斷苦苦　諸未能行者

自種惡趣因　輪轉誠可憫

思壞苦而知

天人淪惡趣

帝釋轉凡夫

日月終趨闇

宙王生爲奴

此教依佛說　凡夫不能了

自觀人間相　富強變貧弱

歡場成荒台　超乎於想像

思一切行苦

知行無有盡

眾寡及貧富

皆有遷流苦

窮畢生準備　準備時死亡

命終仍不止　來世又準備

世間集諸苦　執著者可憫

至此已直接揭示輪迴世間的過患，同時也相應於因果律而間接指出應奉行和應捨棄之行為。

離執證涅槃　　證涅得安樂

親證宣此頌　　遠離四執著

自解脫無益　　三界諸有情

父母若受苦　　求自樂可憫

願受三界苦　　諸善歸有情

願功德加持　　普皆證佛果

至此已間接指示慈悲的觀修，它是菩提心的生起之因，同時也直接道出菩提心之果自他相換。

執取物自性　　必不得解脫

執有無解脫　　執空無天國

無明二邊執　　歡喜住中道

至此已離斷、常戲論，並揭示將心安住於能、所二緣無別與空、有不二之中道境界的共通法門。

萬法唯心生　四大非神造
外力不必尋　喜住心本性

至此已揭示唯識的共道次第，即將闡釋大乘中觀的不共道。

萬相皆幻化　依待而緣起
性狀無可喻　喜住不可說

至此間接指出止(奢摩他)的禪修方式，而觀修(毘婆舍那)方法亦已直接以下列方式揭示：既已有體系地安立一切所緣之外相皆唯心所造；心為幻化；幻化則無自性；無自性之幻化乃依待而有而無法言喻，因之修習心和心的本然空性融合，即完全空然而毫無任何觀念上的邊執。

釋離四執著　此善業功德
願七道眾生　皆共成佛果

最後作者功德回向一切有情同證究竟佛果。

跋

此「遠離四種執著」法要乃瑜伽士札巴‧堅贊書於吉祥的薩迦寺。

Parting from the Four Attachments:
A Commentary on Jetsun Drakpa Gyaltsen's
Song of Experience on Mind Training and the View
Copyright©2003 by Chogye Trichen Rinpoche
Translation Copyright©2021 by Oak Tree Publishing, A member of Cite Publisher
All Rights Reserved.

善知識系列　JB0018Y

遠離四種執著

作　　　者／究給・企千仁波切（Chogye Trichen Rinpoche）
譯　　　者／周銘賢
責 任 編 輯／劉昱伶
業　　　務／顏宏紋

總　編　輯／張嘉芳
出　　　版／橡樹林文化
　　　　　　城邦文化事業股份有限公司
　　　　　　台北市民生東路二段141號5樓
　　　　　　電話：(02)25007696　傳真：(02)25001951
發　　　行／英屬蓋曼群島家庭傳媒股份有限公司城邦分公司
　　　　　　台北市民生東路二段141號2樓
　　　　　　客服服務專線：(02)25007718；(02)25001991
　　　　　　24小時傳真專線：(02)25001990；(02)25001991
　　　　　　服務時間：週一至週五上午09:30～12:00；下午1:30～17:00
　　　　　　劃撥帳號：19863813；戶名：書虫股份有限公司
　　　　　　讀者服務信箱：service@readingclub.com.tw
　　　　　　城邦讀書花園網址：www.cite.com.tw
香港發行所／城邦（香港）出版集團有限公司
　　　　　　香港灣仔駱克道193號東超商業中心1樓
　　　　　　電話：(852)25086231　傳真：(852)25789337
　　　　　　E-mail：hkcite@biznetvigator.com
馬新發行所／城邦（馬新）出版集團
　　　　　　Cite (M) Sdn Bhd
　　　　　　41, Jalan Radin Anum, Bandar Baru Sri Petaling,
　　　　　　57000 Kuala Lumpur, Malaysia.
　　　　　　Tel: (603) 90578822
　　　　　　Fax:(603) 90576622
　　　　　　email:cite@cite.com.my

封面設計／兩棵酸梅
印　　刷／中原造像股份有限公司

初版一刷／2004年8月
二版二刷／2014年5月
三版一刷／2021年11月
ISBN／978-626-95219-2-0
定價／300元

城邦讀書花園
www.cite.com.tw

版權所有・翻印必究（Printed in Taiwan）
缺頁或破損請寄回更換

國家圖書館出版品預行編目 (CIP) 資料

　　遠離四種執著 / 究給·企千仁波切(Chogye Trichen Rinpoche)
著；周銘賢譯 . -- 三版 . -- 臺北市：橡樹林文化，城邦文化事
業股份有限公司出版：英屬蓋曼群島商家庭傳媒股份有限公
司城邦分公司發行 , 2021.11
　　面；　公分 . -- (善知識 ; JB0018Y)
　　譯自 : Parting from the four attachments : Jetsun Drakpa
Gyaltsen's Song of experience on mind training and the view.
　　ISBN 978-626-95219-2-0(平裝)

　　1. 藏傳佛教 2. 佛教修持 3. 佛教教理

　　226.965　　　　　　　　　　　　　　　110017631